AF362128

Luis Enrique Bazán

LA FORMACIÓN DEL ENTUMECIMIENTO

Ensayo sobre los dispositivos
de control del sujeto social

La formación del entumecimiento: ensayo sobre los dispositivos de control del sujeto social, Luis Enrique Bazán. México: Editora Nómada, Instituto Pensamiento y Cultura en América Latina AC (Ipecal), 1era edición, 2020.

ISBN: 978-607-98815-7-3 (versión impresa)
ISBN: 978-607-98815-8-0 (versión digital)
DOI: 10.47377/YJXT5999

1. Entumecimiento subjetivo. 2. Control de la conciencia. 3. Espíritu indomable.
4. Inmigración. 5. Epistemología crítica. 6. Luis Enrique Bazán
CDD 361.2 (Acción social) / Thema JPW (Activismo político)

Esta obra acreditó el proceso de revisión por pares, bajo la modalidad doble ciego.
La revisión se realizó por un par de expertos académicos, por lo que la publicación
cumple con los criterios de calidad científica y de evaluación.

www.editoranomada.mx
www.ipecal.com.mx

ÍNDICE

Dedicatoria

A Juan Enrique Bazán Saavedra (1950-2020), mi querido padre, amigo, mentor y compañero, quien falleció poco tiempo después de que este libro se terminara de escribir, y mientras se preparaba para su publicación. Este libro no hubiera sido lo mismo sin su cariñosa motivación a permanentemente pensar el mundo desde el corazón. Su pasión por la educación y a cambiar las condiciones injustas lo llevó a conectar con comunidades que van luchando por un proyecto de vida digno, siendo la infancia nutrida por la situación de calle y trabajadora con la que compartió mucho de su tiempo y sueños. Él también fue muy amable, generoso y dedicado a los otros. Si bien su pérdida duele mucho, este libro es resultado de ese profundo legado amoroso que me ha dejado.

Agradecimientos

Este libro no hubiera sido posible sin el apoyo y dedicación de muchas personas. La experiencia social y práctica política se la debo al Instituto Generación en Lima, Perú, por su trabajo con la infancia en situación de calle; y al grupo Fe en Acción, en California, por su trabajo organizativo con familias migrantes. Específicamente me gustaría agradecer a personas clave de esas organizaciones: a mi madre, Lucy Borja, directora del Instituto Generación y trabajadora social incansable por la dignidad humana; y a las señoras líderes de Fe en Acción en Redwood City, Adriana Guzmán, Trinidad Villa Gómez, Nieves Pacheco, Carmen Sánchez, Meliza García, Verónica Martínez, María García, Magdalena Lara, Blanca Gutiérrez, Ernestina Colin, Catalina Quintero y Ana Ponte. Estela Quintar, directora del Instituto Pensamiento y Cultura en América Latina, ha sido una pieza clave para engancharme con la propuesta del pensamiento crítico y el presente potencial. A ella, junto con mis otros asesores, Francisco Ávila y Xenia Hernández, les agradezco su paciencia y cuidadoso acompañamiento constante en este proceso para pensar alternativas posibles a nuestras realidades. A Carlos Bustos le agradezco por escribir el prólogo y conectar mi trabajo con la llaga social contemporánea más sentida de su contexto. Un especial agradecimiento a Katia Ibarra por su trabajo editorial y por hacer posible la publicación de este libro.

PRÓLOGO

Me ha llegado este libro de Luis Enrique Bazán, justo en un contexto histórico concreto en que nuestro pueblo participa en un plebiscito para aprobar o rechazar la generación de una nueva constitución y un procedimiento para su discusión y redacción, dos decisiones que definen el contrato social de los próximos 50 años. Luego de la instalación de la Constitución cívico-militar de 1980 del dictador Pinochet y Jaime Guzmán, que no fue sino el entramado arquitectónico del neoliberalismo que ha imperado en Chile hasta hoy, con algunos cambios desde el retorno a la democracia, pero que no removieron las relaciones políticas y económicas del poder. Asistimos a este proceso que triunfó con una amplia mayoría,[1] justamente un año después del estallido social del 18 de octubre de 2019, en el cual los estudiantes secundarios encendieron la vehemencia que llevó a millones de chilenos en forma sostenida y ascendente a las calles de las principales ciudades de norte a sur del territorio, una irrupción pocas veces vista en la historia de nuestro

---

[1] La aprobación para una nueva constitución alcanzó un 78,27%; por la opción de una Convención constituyente como procedimiento de elección de los redactores un 79,04% de la población, eso significa que todos serán elegidos por voto popular y directo, y también habrá voto paritario (igualdad entre hombre y mujeres). La otra opción de procedimiento de la élite política y económica fue derrotada.

país y en América Latina. Y esta lucha épica empujó a la discusión de un nuevo acuerdo social.

Usted dirá, con modestia sin duda, "¿Cuál es la relación de mi texto con este proceso en Chile?". Pues todo, Luis Enrique. Sepa usted que con el retorno de la democracia en 1990 vino una sombra neoliberal, en la cual sus palabras cobran mucho sentido: el "estado de entumecimiento es abrumador y [...] hace que algunas personas se rindan y dejen que el sistema hegemónico determine su destino", (p. 10) como usted lo dice; decepción tras decepción, desesperanza tras desesperanza se fue generando un *entumecimiento subjetivo* en la sociedad, ante quienes accedían al poder y se colocaban sacos elegantes, se miraban a los espejos y ya estaban prisioneros de ese entumecimiento subjetivo, que se irradió como pandemia y mantuvo por treinta años a la población atrapada en dispositivos de control del sujeto social, que pusieron su énfasis principal en la *soberbia mercantilizada*. Tiempos en que en mi intimidad, pero en movimiento como sujeto, advierto, escribía: "El pasado no existe, se escondió en una noche de domingo, quedo prisionero en la catedral del olvido, fue disuelto por la soberbia del espejo…". Su obra y la potencia de la articulación que establece entre la subjetividad y la fibra sensible del "Ser" invita a historizarse, a mirarse, a ver los procesos históricos en los cuales se ha participado o se han dejado pasar, sin identificar que por acción u omisión éramos partes de ellos. Me viene al presente, en este escenario el llamado del maestro Zemelman: "Es imperativa la recuperación del sujeto en el mundo, como del mundo en el sujeto". Así, veo a cientos de estudiantes lanzándose a las calles y rompiendo ese "entumecimiento subjetivo", recuperando las fuerzas liberadoras de la subjetividad –memoria, identidad e historia– que tan magistralmente usted teje en su trabajo.

Me vienen a la memoria esas conversaciones que sostuvimos en México y Colombia, al calor de los encuentros que realiza Ipecal,[2] en el cual concluíamos que los problemas y dolores de nuestros países son compartidos y similares, a raíz de desgarradores testimonios de mujeres en el posconflicto colombiano. Su preocupación por el sujeto, la humanidad misma y los movimientos sociales ha quedado plasmada en este trabajo, en que nos invita constantemente a indagar en nuestra subjetividad para una colocación historizada desde nuestras biografías y comprensión de sí mismos, que nos permita hacer rupturas con las fuerzas hegemonizadoras y subalternizantes que se lanzan, por ejemplo, sobre las poblaciones migrantes en los Estados Unidos, como usted muy bien desarrolla en su libro. Su análisis categorial, de acuerdo al recorte histórico que realiza, así como su trabajo metodológico y didáctico traspasan lo temporal y espacial, instalándose en lo coyuntural y permitiendo, a través de esas categorías y su trama argumentativa, aportar a la comprensión y resignificacion de otras realidades y experiencias sociohistóricas. En ellas cobran protagonismo las complejidades del sujeto que está a merced de subjetividades opresoras como son el racismo, el clasismo, la homofobia, la transfobia, el arribismo, entre otras, como escenografías de la negación. Ante estas complejidades usted identifica tres niveles: el entumecimiento subjetivo (hegemonía que niega al sujeto), la reflexión concientizadora (que revela lo que nos subalterniza) y la "resistencia potencial" (que nos pone en movimiento).

El viaje que usted realiza en su libro, Luis Enrique, tiene la huella maciza de la *epistemología de la conciencia histórica* que tan generosamente nos han compartido el profesor Hugo Zemelman y Estela Quintar, y que amorosamente nos seducen epistémica y metodológicamente a "pensar y pensarnos" a "mirar y mirarnos", nos interpelan a

---

[2] Instituto Pensamiento y Cultura en América Latina.

través de una propuesta ética y política, que aporta a la construcción y reconstrucción de futuros. La virtud de su libro es que desde su experiencia como migrante, sujeto histórico e historizado, en movimiento y en coherencia con su discurso, realiza un aporte a las comunidades y a la recuperación del sujeto, lo que por consecuencia nos lleva a liberar el microespacio politizando el conocimiento para reactuar sobre las circunstancias como sujetos históricos y protagonistas de nuestra realidad. Finalmente, estamos en presencia de un texto de pensamiento crítico que se abre a la compresión de la realidad en diversos escenarios de América Latina.

Dr. Carlos Bustos Reyes
Santiago de Chile
Primavera, 26 de octubre de 2020

INTRODUCCIÓN

En el trabajo por las reivindicaciones humanas de nuestras comunidades no podemos evitar enfrentarnos a fuerzas y contextos agresivos. Esos son los momentos en donde la organización y reflexión comunitaria nos ha servido de apoyo para esas coyunturas difíciles; sin embargo, hay momentos en que sentimos que nos encontramos sólo respondiendo a las circunstancias que se nos presentan, y nos desubicamos con respecto al camino que hay que seguir para salir adelante.

La comunidad que participa con nosotros en la acción social nos guía para alcanzar las metas y continuar el camino trazado, pero individualmente podemos llegar a un estado de agotamiento y pérdida de perspectiva donde todo internamente se opaca. Sabemos que nuestra lucha es la correcta y esencial en ese momento; sin embargo, el estar abrumado por las coyunturas, la cotidianidad violenta y la aparente falta de posibilidades para encontrar una solución, abruma nuestras emociones y afecta la claridad de los métodos del camino a seguir. Para entender estas situaciones que afectan a los trabajadores comunitarios, el presente estudio examina la formación del *entumecimiento* como *afectación* y *dispositivo de control* del sujeto en su subjetividad y como sujeto social. Más específicamente, analiza el *entumecimiento* principalmente en los líderes latinos indocumentados en San Francisco, California, que están respondiendo a las amenazas del sistema político agresivo que ha saltado a la luz en el discurso y las acciones del actual presidente, Donald Trump.

La meta de este libro es ampliar la racionalidad propia para que estemos motivados, como sujetos, a reactuar sobre nuestras propias circunstancias. Esta obra busca que pensemos, nos politicemos, desarrollemos una manifestación en nuestro protagonismo cotidiano, y nos proyectemos con perspectivas históricas y por la ética del bien.

Esta obra está dirigida a aquellas personas que acompañan las luchas sociales para crear un mundo más humano, y que no se han tomado un tiempo para reflexionar sobre las emociones que los están abrumando, ni sus consecuencias. El entumecimiento es una *afectación* conectada muy íntimamente a las fuerzas del sistema y del espíritu luchador del sujeto. El estado de entumecimiento es abrumador y, por esa razón, hace que algunas personas se rindan y dejen que el sistema hegemónico determine su destino. Por lo tanto, la meta del estudio es contemplar nuestro propio entumecimiento para poder analizarlo y abrir espacios alternativos que se construyan a partir de los deseos más profundos de nuestras comunidades.

I. ¿CÓMO NOS FORMAMOS COMO INVESTIGADORES SOCIALES CRÍTICOS?

La comunidad construida en el proceso académico que hemos formado se caracteriza por querer pensar críticamente sobre los actuales contextos y circunstancias de nuestros países, para que como sujetos podamos participar en las tensiones sociales, políticas y culturales que nos interesan.[1] El compromiso por pensar desde lo cotidiano resulta atractivo, sobre todo cuando nos encontramos con tendencias intelectuales que no responden a las preocupaciones e imaginarios de autonomía, dignidad, justicia y libertad de nuestros pueblos. Por esa razón, el grupo de académicos que participamos en la constitución de espacios alternativos nos esforzamos por reaprender a ver, pensar y conocer América Latina desde experiencias significativas, y para no replicar teorías ajenas a lo nuestro. Ese interés por develar lo propio, y desde ahí construir conocimiento, es lo que nos une en este proceso formativo.

En ese camino andado de nuestro proceso epistemológico es que la búsqueda por el proyecto de representación autónoma de vida toma

---

[1] Aludimos aquí a la comunidad académica del Instituto Pensamiento y Cultura en América Latina, AC (Ipecal), ya que la presente obra es producto de la investigación realizada dentro de esa asociación. Los conceptos, categorías y procesos que se describen en este capítulo corresponden a la propuesta teórico-metodológica y de epistemología crítica de Ipecal.

un lugar central. El proceso epistemológico desde el que partimos es el propuesto por Hugo Zemelman[2] para construir el ángulo de mirada desde donde vamos a observar la realidad y articularla para que todos los hechos asuman su significación específica, lo cual no pasa por esperar un mero develamiento de un proyecto, sino que se subordina al desarrollo activo de la creación del proyecto subjetivo propio a cada uno de los investigadores sociales que asumen este compromiso. Esta búsqueda es un esfuerzo amoroso donde el deseo, la razón y la valentía toman un lugar protagónico en este proceso epistemológico, ya que despierta sensibilidades profundas sobre lo que nos mueve y nos permite actuar, consecuentemente, en nuestro contexto.

Siguiendo la propuesta de Ipecal (2020), el proceso de repensarnos como sujetos histórico-sociales parte de la matriz epistémica crítico-hermenéutica,[3] y apunta a articular una formación alternativa a lo hegemónico para ver y pensar el mundo desde espacios que no hemos tomado en cuenta. Esta formación alternativa incorpora, por lo tanto, las micro-preocupaciones que son significativamente potenciales para los sujetos, pero que son insignificantes para los sistemas de organización social.

Los sistemas hegemónicos generalizan y homogeneizan; por lo tanto, presionan al sujeto para adoptar los intereses del sistema y dejar en el olvido las subjetividades alternas. Dentro del proyecto de Ipecal para la formación de investigadores sociales, a partir de la perspectiva

---

[2] Zemelman (2012a) explica que la óptica epistemológica desde la totalidad permite delimitar campos de observación de la realidad y reconocer la articulación en que todos los hechos asumen su significación específica (p. 50).

[3] La matriz epistémica que se trabaja en Ipecal apunta a rescatar las reglas del pensar y a construir una relación entre conocimiento y consciencia (autoconsciencia), para que el sujeto tenga la capacidad para reactuar protagónicamente sobre sus propias circunstancias. En ese sentido, resulta una politización del conocimiento ya que se produce de la mayor información que el sujeto dispone sobre su contexto y circunstancias para actuar conscientemente y con perspectiva histórica.

epistémico crítico-hermenéutica, lo que llama la atención es la oportunidad que se da a las autonomías y preocupaciones opacadas para que puedan ser sacadas a la luz, y articuladas a los esfuerzos ético-políticos de reconstrucción del mundo.

1. El círculo

El *círculo* es el espacio que creamos para darnos la oportunidad de construir conocimiento, y en donde se activa la escucha para prestar atención a lo que se dice, y para escucharse a uno mismo. Al escucharnos, y al preguntarnos críticamente lo dicho, descubrimos inicialmente que estamos condicionados a promover los intereses de los sistemas hegemónicos y a no escuchar a las afectaciones de los sujetos. Así es como paulatinamente descubrimos, por nosotros mismos, la importancia de la escucha crítica y de tenerla al centro del espacio creado por los participantes para dar apertura a espacios de toma de consciencia.

El *círculo* es el espacio donde se comparten las ganas de pensar y responder a las situaciones concretas de nuestras vidas comunitarias, de profundizar en las preocupaciones que nos afectan, y participar en proyectos ético-políticos de construcción social. A partir de nuestras motivaciones por pensar nuestras vidas cotidianas, el *círculo* se nutre de las emociones, tradiciones, narrativas, circunstancias y experiencias para atender a las preocupaciones que tenemos. La labor que se aprende y desenvuelve dentro del círculo es aquella que se realiza mientras se van compartiendo *experiencias* y *afectaciones*. Es una labor de diálogo que nos tensiona, ya que reta las creencias más arraigadas en uno mismo, con lo cual nos mueve. La importancia del proceso es que nos hace salir de nuestras seguridades dogmáticas, para después ubicarnos en el deseo de ampliar la racionalidad.

El *círculo* es un elemento de la formación que nos permite prestar atención a los deseos del sujeto –por encima de los deseos del sistema–; a través de su dinámica se logra tener la oportunidad de escuchar, preguntar, devolver y aportar a la discusión. Es en dicha dinámica que se descubren algunas de las tensiones en las que el sujeto se enfrenta consigo mismo y los contextos en donde se desenvuelven esas tensiones. Como parte del proceso, nos espejeamos en ocasiones con lo que los compañeros dicen o sienten, pero lo más sabroso del proceso es cuando los participantes del círculo resaltan cosas latentes que no son evidentes, en su proceso de diálogo y apertura, son reveladas por la propia voluntad del sujeto. A partir de esas tensiones, ahora visibles, se señalan los posibles caminos a explorar y las fuerzas determinantes que han estado opacando la propia subjetividad.

El proceso dentro del círculo en sí no es fácil, dado que este reta nuestras estructuras mentales. Y quizás lo más difícil es que el reto no es sólo intelectual, ya que también busca alcanzar la intimidad del corazón. Se desean descubrir las luchas reprimidas a partir de los síntomas de las urgencias que se manifiestan, y las urgencias nacen de las propias preocupaciones más sentidas que se han desarrollado en las circunstancias sociales, políticas y económicas presentes en nuestro contexto. La urgencia de hallar una manera de pensar y comunicar nuestras preocupaciones profundas pasa por reflexionar íntimamente sobre nuestras relaciones humanas, la infancia, familia, etcétera. Y eso converge en el círculo cuando nos esforzamos por encontrar claves que nos ayuden a bombear aire para dar un respiro esperanzador de lo que nos ocupa. La creación del círculo es, en fin, la construcción de la confianza, la cual es esencial para el trabajo de la *didactobiografía*.

2. La didactobiografía

La *didactobiografía* es un documento que producimos y funciona como elemento didáctico que apunta a articular lo que nos mueve y preocupa desde lo más profundo de nuestro ser. El proceso de preparación de este documento es una reflexión cuidadosa de uno como sujeto, que no sólo nos hace retornar a nuestras experiencias significativas y sentidas, sino que nos exige colocarnos en nuestro presente para tomar consciencia de lo que se nos ha ido dando y desarrollando y, de esa manera, de lo que elegimos, lo que conocemos y cómo conocemos. Es la reflexión de lo que sentimos y pensamos en conexión con nuestro contexto determinado y esperanzado por la autonomía de la participación histórica. La *didacto* –así puede ser llamada de manera abreviada– es la exigencia inicial del proceso conscientizador, ya que la posibilidad de descubrirnos subjetivamente es un proceso de maduración de la conciencia y de la intuición para poder ver, pensar y abrir nuestro presente histórico a partir de la *afectación estructurante*.

Esta exigencia de maduración de la consciencia es la que permite que empecemos a reconocer cómo los sentidos y significados del sujeto participan de la articulación científica crítico-hermenéutica en el proceso de investigación, contrastándose con la investigación con tendencia a las verdades absolutas o a la historia monumental que no ha considerado al sujeto en relación a sus preocupaciones que se representan en la vida cotidiana. En ese sentido, el camino de toma de consciencia hacia la que nos conduce la *didactobiografía* es un proceso afectivo que puede llegar a ser emocionalmente abrumante. Esa incomodidad que se produce al hacerse cargo de las emociones es un elemento que se toma en cuenta para también prestar atención a las fuerzas determinantes que someten.

Lo dominante es lo que hace que lo emocional sea incómodo y hasta tabú –sobre todo dentro de la producción científica–. La incomodidad de prestarle atención a nuestras *afectaciones* nos lleva a cuestionar la manera de participar en las relaciones sociales, políticas, económicas, y educativas en que hemos participado. Eso abre las posibilidades para ver críticamente lo que sucede alrededor nuestro, y no saltar a la coyuntura social sin olvidarnos del rol de las emociones en la gestación de nuestros propios proyectos de vida.

Es en el compromiso científico crítico-hermenéutico que apostamos por articular la consciencia de las emociones subjetivas para que pensemos desde dónde se puede y quiere construir conocimiento. Esta colocación afectiva identifica el lugar propio desde el cual estamos dispuestos a construir el mundo en el presente. En el círculo de reflexión hacemos el esfuerzo por crear la oportunidad de acentuar lo emocional, como el combustible de creación de conocimiento, y no sólo desde lo racional.

Pensar desde la *afectación* hace emerger las *marcas* que manifiestan nuestros deseos profundos, los cuales nos ayudan a articular lo que en verdad nos preocupa; cuando estos elementos emergen, empezamos –como investigadores sociales críticos– un proceso de tensionar la realidad. En esta tensión, observamos la complejidad de saberes y empezamos a sospechar de las respuestas simples y lineales que encontramos con regularidad. Por ello, la opción por darle vuelta al objeto que nos preocupa e identificar lo que viene de la emoción nos sirve para reconocer cuáles son las coyunturas y las relaciones complejas de nuestras preocupaciones, así como para movernos más allá de las circunstancias.

3. La colocación

Articular nuestra preocupación subjetiva es darnos la oportunidad de colocarnos en una posición propia para ver la realidad. El posicionamiento de esa *colocación* –elemento metodológico clave que se rescata a partir de la *didactobiografía*– determina lo que vemos; por eso, nuestro movimiento interno, que ocurre al darnos cuenta de las complejidades y tensiones, nos guía para escoger el ángulo desde el cual se quiere observar la realidad.

Es muy difícil cambiar *lo dado*, pero sí se puede cambiar la base desde donde se mira la realidad. Desde mi realidad, veo lo que tiene relación conmigo y con mis afectaciones, por eso lo coloco al centro como prioridad para ponerlo en tensión con lo político, económico, social, cultural, para encontrar complejidades que no se han observado antes. La observación de la tensión entre lo propio y lo ajeno es lo que después nos permite distanciarnos y darnos cuenta de los espacios en que se presentan y en los que deseamos actuar.

Algo que me parece interesante sobre la identificación del lugar, en el cual nos colocamos subjetivamente para pensar y construir conocimiento, es identificar la negación histórica que lo determinado ha producido. Vamos a encontrar espacios no permitidos para ciertas subjetividades, y si ese lugar ha sido una de las ausencias de nuestras vidas, es que hemos estado determinados a no verlo por un contexto y una sociedad guiada por una lógica de pensamiento que elimina el lugar desde donde uno estaría más comprometido. Tomar consciencia de eso es por demás significativo, ya que a partir de pensarse e hilar la realidad con el sentido de vida del sujeto permite descubrir el significado que cada uno en verdad le atribuye a los eventos y coyunturas que se nos presentan en la realidad. La conciencia de la realidad posibilita reconocer la relación que el contexto quiere establecer con uno, y así poder buscar los espacios posibles para dar apertura a las propias subjetividades.

Esa versión subjetiva que desea salir tiene su partida en la colocación epistémica crítico-hermenéutica; pese a la naturaleza de las fuerzas homogéneas de interrumpir el proceso subjetivo transformador, el sujeto va entonces identificando los obstáculos que existen en los parámetros históricos, sociales, políticos y educativos que lo han formado. La lógica de la razón domina la mayoría de las redes intelectuales de significaciones, y determina lo lógico y obvio, pero no necesariamente posibilita lo autónomo y propio al sujeto. Lo lógico tradicional, dominado por la perspectiva hipotético-deductiva, si bien proporciona un camino claro de producción de conocimiento científico, y recompensa por la elección de ese camino, posee la tendencia a que nos convirtamos en instrumentos de reproducción de externalidades, y de llevarnos a negar las emociones subjetivas que abruman, precisamente porque inmoviliza al sujeto. El hecho de que la subjetividad –y dentro de ella el desasosiego– es el lugar desde donde se posibilita construir la opción epistémica crítico-hermenéutica marca un camino de investigación distinto a lo que actualmente predomina en la investigación social. De esa manera, la disciplina intelectual a la que se apunta desde la colocación del sujeto pasa por el interés de construir conocimiento que responda a mis propias preocupaciones, y para que me permita ser sujeto capaz de reactuar en mi cotidianidad y transformar la realidad desde un ángulo alternativo.

4. La totalidad

Los principios de objetividad y totalidad de la puesta epistémica es lo que nos permite observar lo traído por la subjetividad para articular la realidad y poder crear conocimiento. El proceso de investigación que aquí se propone exige reconocer las marcas que nuestra *afectación estructurante* visibiliza para trabajarlas a través del *pensar categorial*. Desde *lo categorial*, lo que se busca es historizar –hacer consciente y potenciar– lo que nos preocupa; pero este es un ejercicio nada simple, ya que existe una resistencia de las determinantes homogeneizadoras engranadas en nuestro pensamiento. La perspectiva dominante exige que la construcción de conocimiento se consiga desde la pureza de lo racional, dejando de lado el reconocimiento del rol de la afectación en la creación epistémica. Por lo tanto, el pensar categorial y la historicidad son necesarias para romper con las jaulas mentales que se nos han instruido, y abrirnos a mirar entramados de procesos que nos permitan leer la realidad de manera más completa y compleja.

La perspectiva distinta que buscamos a partir de este proceso es el lugar protagónico en el que se quiere poner al sujeto para que guíe la investigación. Se hace así un contraste con las tendencias dominantes que se centran en la acumulación de contenido bibliográfico, pero que se olvidan de escuchar las voces cuando no se aproximan a la verdad teórica. Es en la apuesta por la democratización de las voces en donde nace nuestro interés; y es ahí que surge la capacidad de darnos cuenta de esas narrativas marginalizadas que nos gustaría posicionarlas como dignas oponentes de lo hegemónico.

Dado que nuestra apuesta exige un esfuerzo por distinguir y no descalificar, hay que tener cuidado para no caer en la misma lógica hegemónica opresiva. Lo que estamos trabajando en la objetivación de la afectación estructurante es en ampliar el espectro de narrativas que incorporen las experiencias de uno, pero sin dejarnos dominar por los estereotipos sociales que acostumbran a negar otras lógicas. El reto está en articular desde el sujeto, en términos de totalidad e historicidad, las distintas racionalidades (científica y dialéctica) para lograr que converjan y, así mismo, comprender las distintas tensiones que hay entre ellas. Desde esa *complejidad articulada* es que apuntamos a que el sujeto retorne sobre sí mismo para poder transformar la realidad. La creación de conocimiento apunta hacia la concientización histórica de las preocupaciones de los sujetos para participar en transformaciones sociales con sentido.

5. El pensar categorial

Por lo dicho anteriormente, el *pensar categorial* apunta a producir sentidos articulados que nos permitan ver la complejidad de la realidad para establecer relaciones de conocimiento con la totalidad de elementos que intervienen e influyen en lo que nos preocupa. Así mismo, el trabajo categorial permite romper con la mera transmisión de la información, motiva al espíritu crítico, y engancha la representación hermenéutica del sujeto. Esta manera de articular el pensamiento permite que los sentidos y significados participen en la resignificación de los conceptos, y así podamos ir descubriendo maneras de dar cuenta de la época desde nuestras subjetividades. Por lo tanto, la comprensión, planteada desde el *pensar categorial*, que vendría a desarrollarse de la articulación del entramado con el que nos encontramos en el presente, contrasta con las formas descriptivas-explicativas en las que se basa la apuesta hipotético-deductiva. El trabajo de la aproximación categorial, entonces, es la herramienta que nos permite hacernos cargo del entramado de la realidad compleja que nos rodea sin olvidar nuestra propia realidad.

La lectura de la realidad por la que apostamos es la que nos permite abrir espacios de comprensión desde las tensiones significativas a nuestras preocupaciones. Si bien empezamos por darle sentido a nuestros malestares, aquello del contexto que nos tensiona trae también una lógica que tiene que ser entendida. Es complejo visualizar los múltiples sentidos que se organizan en esta tensión; por eso es también importante prestarle atención a lo sugerente, ya que puede mostrarnos algunos síntomas resonantes que nos permitan ver aquello que ha sido normalizado por el sistema para ocultar posibilidades de ser. La búsqueda por lo sugerente y lo latente, como aquello que se siente que está ahí pero que no llega a nombrarse, termina siendo un camino para aproximarnos a nuestras emociones, marcas y síntomas que son centrales para una lectura categorial, alternativa a la lógica del sistema, y que trae al centro nuestras subjetividades.

Tomar consciencia es redescubrir nuestro contexto a partir de las cuestiones más sentidas, y ese proceso es enigmático. Ese intento por desencriptar la dinámica intersubjetiva del mundo de la vida está conectado con nuestras creencias, representaciones, mitos, ritos como vínculos que hacen referencia a lo dinámico que nos enlaza intersubjetivamente. Por lo tanto, hay que empezar rescatando lo propio a uno, ya que entender nuestra identidad en relación con la realidad es esencial en la búsqueda de la comprensión compleja del mundo.

En esta lectura compleja, tenemos que prestar atención a cómo se construyen las opiniones y cómo se conoce. Hay distintos niveles de conocimiento de la realidad que condicionan la mirada del mundo. Al mismo tiempo, las lógicas y esquemas que prevalecen determinan desde dónde miramos el mundo. Para poder comprender estos conocimientos y miradas, tenemos que prestarle atención a los esquemas conceptuales y operativos de las ideas que se nos presentan, ya que son estos esquemas los que van a funcionar como las herramientas que nos pueden ayudar a comprender las lógicas que están en juego.

Para construir los esquemas conceptuales, recuperamos los textos a través de las palabras clave, *ideas fuerza* y *categorías*. De esa manera respetamos la estructura del autor, pero no buscamos reemplazar al que hace el trabajo de lectura. A nosotros, como lectores, los esquemas nos permiten ir más allá de lo obvio, ya que visualizamos las relaciones de conocimiento, posiciones políticas y síntomas que han sido presentados en el texto. Este tipo de lectura hace resaltar claramente el eje –o ejes– que articula la lógica del autor.

Entonces, la lectura en conceptos y categorías es la representación práctica que reconoce lo complejo en lo cotidiano. Cuando encontramos que la semántica no alcanza a dar cuenta de nuestro sentido y significado, uno está obligado a dar un giro lingüístico para renombrar los conceptos que no abarcan lo que se desea comprender y explicar. Este ejercicio nos permite movernos a un espacio semántico menos colonizado, y empezar a explorar la construcción de nuestra propia autonomía epistémica. En resumen, lo que hacemos es poner *bajo sospecha* las palabras acostumbradas en torno a la realidad, y así abrir un espacio para resemantizarlas con el fin de dar cuenta de nuestra propia realidad como sujetos.

6. La memoria

Dar cuenta de nuestra realidad es también hilar el sentido de lo sucedido y lo que vamos construyendo. Por lo tanto, el *sentido* y la *memoria* son componentes y conceptos importantes para comprendernos como sujetos. La necesidad de repensar el significado de la *memoria*, también como componente importante en la búsqueda del *sujeto autónomo* capaz de pensarse fuera de lo dado, permite prestar atención a las tensiones de pensamiento que se nos presentan, y se nos ha presentado, al preguntarnos por nuestras preocupaciones sociales. Repensar la memoria es un esfuerzo por encontrar espacios que han sido de participación propia para no ser objetos de repetición de lo mandado; es estar al centro de lo que nos parece necesario enfrentarnos.

El sujeto que repiensa la memoria va a reconocer que el esfuerzo refleja la lucha con aquello que tiende a invisibilizar los significativos logros existentes en nuestros microcosmos. Esto es consecuencia de la homogeneización del pensamiento alternativo, desde los marcos condicionados, ya que estos han tomado relevancia en la tarea de regular nuestras predisposiciones y prácticas. El capitalismo, como un ejemplo muy claro, se ha infiltrado en todos los aspectos de lo cotidiano para controlar la semántica y el comportamiento global de cómo los seres humanos nos relacionamos unos con otros. El lenguaje mercantilista ha coptado la educación, la ciencia, la política, la economía y la cultura en general. El problema con este esfuerzo de homogenización de los sistemas poderosos, como construcción del orden dominante, es el aumento de la desesperanza y sinsentido de la persona, ya que las preocupaciones del sujeto están subordinadas a los proyectos generalizados de interés nacional.

La teoría académica tiende a reforzar la alienación a través de las verdades que se hacen llamar "puras" que no consideran al individuo y lo descolocan de su historicidad. Esta tendencia de teorización extrema está generalizada, y por ello es difícil salirnos del paradigma de adoración a las ideas eruditas. Desde la apuesta del pensamiento crítico-hermenéutico que hemos elegido, empezamos por cuestionar a las fuerzas positivistas y al horror a lo múltiple para poder encontrar interpretaciones alternativas a nuestras historias, para que estemos profundamente involucrados con nuestras realidades.

Para evitar el triunfo de estas memorias abstractas que terminan siendo otra forma de olvido de uno, que callan las voces de los marginales en sociedades reprimidas, la propuesta es reflexionar desde la práctica concreta que involucra los sentidos y significados otorgados por el sujeto. Así, la memoria funciona como un elemento coherente vinculado a nuestra propia existencia que recupera al sujeto y que construye identidad a partir de nuestros propios proyectos de vida.

Nuestras verdades que nacen de lo cotidiano y que nos posibilitan abrirnos camino no son aquellas verdades que son acusadas de relativistas, sino son las que deberían ser asociadas al pensamiento histórico, porque nos colocan en el momento presente con posibilidades de participación en la construcción de conocimiento. Esta opción por rescatar lo ausente, como manera de vivir, permite que lo cotidiano se convierta en espacio político que funciona como plataforma de lucha de las voces y experiencias discriminadas. Abrirse a participar de la construcción de caminos nuevos hace de nuestra memoria un problema del sujeto colocado en el hoy y ahora, y no de preocupación innata al pasado, como ejercicio de razonamiento.

7. El sujeto histórico

No es extraño que los partícipes de esta metodología epistémica crítico-hermenéutica estemos ansiosos por encontrar maneras de seguir luchando por la dignidad. Seguramente muchos tenemos heridas abiertas por haber querido resaltar las injusticias ignoradas, provocadas o negadas por el sistema y haber sido derrotados una y otra vez por la preponderancia de lo hegemónico en los contextos que vivimos.

Estamos acostumbrados a reaccionar y continuar en nuestras luchas, y siempre buscamos rescatar actitudes que sean creativas y que nos pongan en relación a la vida. No podemos quedarnos en respuestas que se reduzcan a la defensa y resistencia porque nos encapsula a ser sobrevivientes encerrados en nuestras heridas. Lo que tenemos que hacer es no perder de vista lo que se puede construir, por eso en la apuesta epistémica crítico-hermenéutica se exige el esfuerzo por vernos como sujetos históricos de lo posible, y para eso hay que cambiar cómo nos colocamos en la realidad para romper con las maneras oficiales de lectura de la sociedad.

En esta lucha por romper con los paradigmas dominantes y promover la participación activa del *sujeto histórico*, quiero entender la formación del *entumecimiento* como dispositivo de control del sujeto. Entumecimiento es un concepto que será desarrollado en el segundo capítulo; por el momento se puede advertir que, para permitir la participación del sujeto histórico, la preocupación va a salir sólo si trabajamos con la *afectación* de tal manera que nos permita identificar el lugar desde el cual nos colocamos para construir conocimiento. Hacer consciente una afectación que ha estado latente también permite reconocer la negación histórica que las determinantes del entumecimiento nos producen y han producido.

La tensión que se produce a partir de poner en jaque a los dispositivos internos y externos del entumecimiento, en relación con nuestro entorno, hace que salgan a la luz las complejidades que luego nos van a permitir explorar cómo repensar el mundo y reapropiarnos de códigos propios de pensamiento. La *resemantización* es precisamente ese proceso de reinterpretación crítica para que el mundo tenga sentido.

8. La resemantización

El esfuerzo por construir una colocación de mirada a partir de lo que nos preocupa, y por querer participar protagónicamente en la construcción de nuestro entorno, nos hace estar vigilantes de lo que sucede en nuestros microespacios. La atención puesta en esos microespacios tiene la potencialidad de reconocer las afectaciones que han sido negadas en el mundo determinado por lo homogeneizador. Esas atenciones hacen que no sólo abramos las posibilidades de ver el mundo diferente, sino también de despertar ese deseo de poder nombrarlo de una manera alternativa, para que se ajuste a lo experiencial y permita que tenga sentido con lo vivido y afectivo.

Con respecto a cómo nombramos el mundo, hay narrativas que explican lo que se piensa; pero hay otras que develan lo que ocurre y que se abren a nuevas problematizaciones. En ese sentido, la clave es reconocer aquellos discursos que venimos repitiendo para explicarnos y explicar nuestros contextos para empezar a prestar atención al potencial develamiento que se nos abre a través de la *afectación estructurante*; esto con el fin de resignificar las experiencias y revalorar nuevas posibilidades de colocación.

Romper con los estereotipos, con los preconceptos, con lo evidente, es lo que se necesita hacer para no quedarse reducido a lo que observo, sino, por el contrario, aspirar a ir a lo profundo de la realidad. El trabajo de reconocer esas potencialidades que se ocultan es lo que va a permitir construir un conocimiento que muestre aperturas distintas de construcción de la sociedad.

El reto es la problematización de lo obvio. Los parámetros (histórico, cultural, político, etc.) que determinan lo evidente siguen ahí por más interés que tengamos de zafarnos de lo normativo para colocarnos en un lugar autónomo. El poder de las determinaciones de las distintas redes de significaciones no cambia sólo por la intención. El esfuerzo está en cómo nos enfrentamos a esas redes de significaciones y de qué manera reconocemos aquellos espacios que nos permitan ejercernos con autonomía en la sociedad. Este es un ejercicio constante para no acostumbrarnos a lo dado –ya que fortalece la jerarquía dominante–, pero es complejo quitar las ataduras. La ideología, por ejemplo, que es una de esas ataduras cimentada en nuestras sociedades, influye en el pensar político y los sentimientos de las personas. Por eso, darse cuenta de esos aspectos dominantes que participan en nuestras propias vidas, y no quedar atrapado por las circunstancias, es clave para tener la oportunidad de crear conocimiento que nace verdaderamente de nuestras propias preocupaciones, y no de las preocupaciones que la ideología trata de imponer.

El trabajo para transgredir lo ideológico y asumir lo propio se logra al estar alerta y vigilante en el esfuerzo epistemológico. Para no quedarnos presos de esa determinación intelectual, actitudinal, emocional, trabajamos desde las emociones para identificar el fenómeno histórico que nos interesa y nombrarlo. Desde ese punto, el trabajo de resemantización, aquel trabajo de recuperación de nuestras palabras clave, síntomas y categorías, resulta importante ya que el lenguaje que utilizamos es parte de la estructura del sistema dominante.

Nos enfrentamos a sistemas casi herméticos que desprecian la necesidad de problematizar desde la experiencia del sujeto, por eso debemos de enfrentar creativamente esa lógica dominante para que se nos posibilite acceder a esas categorías que problematizan los espacios en los que nos encontramos para que ellas entren en conversación con la realidad. Las tensiones con el hermetismo del sistema también nos van a obligar a crear maneras de conversar para salir de las categorías colonizadas, y para visualizar lo alternativo. En las siguientes páginas vamos a evidenciar este proceso.

El *entumecimiento* es la afectación estructurante que el círculo y la didactobiografía me han permitido descubrir como la que estructura el lugar desde el que deseo conocer y, por lo tanto, va a tener un lugar central a lo largo de este libro. Esta afectación estructurante va acompañada de *marcas fundantes*, las cuales son impotencia, confusión, desnaturalización e incertidumbre paralizadora. Esta afectación me coloca para pensar y cuestionar y, por lo tanto, va a ser resemantizada en el siguiente capítulo.

II. LA COLOCACIÓN
DEL SUJETO INVESTIGADOR

Esquema de colocación (en términos de afectación)

Campo emocional:
Impotencia, confusión, sentimiento apagado, desnaturalización, incertidumbre paralizadora.

Las experiencias de violencia vividas, mientras acompañaba a los chicos y chicas en situación de calle en las plazas de Lima, configuraron como marca fundante el entumecimiento subjetivo a través de la impotencia, confusión, sentimiento apagado, desnaturalización e incertidumbre paralizadora. Estar en el medio de la violencia que la sociedad y el gobierno ejerce contra los chicos y chicas más vulnerados, y ser testigo de que ellos repliquen esta misma violencia, provocó el entumecimiento. Esta misma sensación la he identificado en los líderes comunitarios trabajando con inmigrantes indocumentados y en los mismos inmigrantes después de que Trump anunciara que no iba a respetar los derechos conseguidos por los inmigrantes que consiguieron el permiso DACA, el cual es temporal para estudiar y trabajar, con la amenaza de que los va a deportar.

Resonancia social:

El *entumecimiento* está resignificado como emoción que se activa en situaciones de alta tensión emocional, en líderes comunitarios que trabajan con población migrante en la ciudad de San Francisco, Estados Unidos, colocando a estos sujetos en un espacio psíquico límbico con sensación de desconexión, sin evasión, frente a la amenaza constante que ejerce sobre ellos y sus comunidades las políticas migratorias de deportación a indocumentados –tanto a trabajadores establecidos en Estados Unidos como a los llamados "soñadores"– promovidas por Donald Trump, lo que hace que no puedan visualizarse horizontes alentadores posibles.

Referente empírico:

Las políticas migratorias de Trump y la manifestación del entumecimiento subjetivo entre los estudiantes soñadores y líderes comunitarios, mientras trabajo con comunidades de base en San Francisco.

Recorte de la realidad:

El simbolismo geopolítico detrás de las políticas migratorias de Trump para entender las bases del lenguaje incendiario, la cultura del castigo –ejecutada por la policía migratoria, y el apoyo popular que afecta concretamente a las comunidades de inmigrantes y a sus líderes en San Francisco.

Campo de conocimiento:

El simbolismo (representaciones, mitos, ritos, etc.) geopolítico en las políticas migratorias de Trump en los Estados Unidos.

Deseo de conocer:

¿Qué lugar simbólico construyen los sujetos entumecidos en situaciones de alta tensión con respeto a las políticas públicas migratorias?

Preguntas iniciales:

- ¿Cuáles son las luchas simbólicas-geopolíticas que se dan en el debate migratorio actual?

- ¿Cómo participan los sujetos entumecidos en esas luchas?

- ¿Cómo se encubren los simbolismos geopolíticos dominantes en los debates migratorios?

- ¿Desde dónde se construyen los simbolismos geopolíticos dominantes de Estados Unidos?

- ¿Cuáles son las fuerzas simbólicas que hacen que un sector migratorio sea discriminado?

- ¿Son mentiras, hipocresía, manipulación y falta de transparencia lo que el sistema trae, o es algo distinto?

- ¿Cómo se manejan los logros sociales contemporáneos con la ideología de superioridad regional?

- ¿Cómo consigue la dominación formar al entumecimiento como dispositivo de control del sujeto en su subjetividad y como sujeto social?

- ¿Qué se necesita para poder responder a ese estado?

- ¿Se sienten los soñadores parte del movimiento?

- ¿Está operando el "sálvense quien pueda"?

- ¿Qué imágenes intervienen en el simbolismo geopolítico de dominación y quiénes están excluidos de ese imaginario?

Introducción

Por años he estado colaborando con organizaciones y personas que defienden los derechos humanos, y en ese trabajo he sido testigo de los logros sociales que comunidades han conseguido, pero también de momentos coyunturales difíciles que ponen a prueba el carácter de la gente y las organizaciones en las que participan. Lo que he aprendido de esta experiencia es que la capacidad de sacar adelante nuestras decisiones no sólo tiene que ver con las posibilidades que se nos presentan en determinados contextos, sino que es necesario nutrir constantemente aquello que nos da la fuerza emocional para seguir luchando por lo que creemos.

Las coyunturas más complicadas que he acompañado están abanderadas con narrativas altruistas de bienestar social (seguridad, moralidad, orden, etcétera), pero que al final acosan a gente que ya sufre algún tipo de discriminación, ya sea económica, racial, religiosa o de identidad. Estas coyunturas discriminatorias que afectan a grupos específicos como inmigrantes, niñez en situación de calle, de personas transgénero, entre otros, conforman la realidad de la que se parte para la reflexión y análisis de este trabajo. El acoso generado desde el *statu quo* determina cómo decidimos relacionarnos con lo hegemónico, y el análisis del entumecimiento subjetivo parte del enfrentamiento a esta condición discriminatoria.

Es común escuchar al presidente Donald Trump hablar mal de los inmigrantes que no son de raza blanca. Él se ha referido a los mexicanos como "violadores";[1] dice que todos los haitianos tienen VIH, y que los nigerianos nunca van a querer regresar a sus chozas una vez que

---

[1] Amber Phillips, "'They're Rapists' President Trump's Campaign Launch Speech Two Years Later, Annotated", en *Washington Post*, 2017.

vean los Estados Unidos.[2] En muchas ocasiones se ha referido a inmigrantes musulmanes como "terroristas" y a los centroamericanos como invasores criminales[3] que están infectando el país. Una de sus campañas más famosas es su movilización contra inmigrantes que vienen de "países de mierda", dentro de la cual también se pregunta por qué no pueden tener más inmigrantes de Noruega.[4] La audiencia del presidente Trump que conecta con esta narrativa son grupos que creen en la supremacía blanca, y gente mayor de edad que no conoce mucho del mundo y no se relaciona con muchos inmigrantes. El bienestar social que Trump les promete está basado en el temor al otro, que ellos no conocen directamente, pero han decidido conocerlo a través de la narrativa del interlocutor.

El *entumecimiento subjetivo* del sujeto es una de las consecuencias de aquellas coyunturas discriminadoras generadas por los grupos de poder y que apuntan a grupos que ya son socialmente marginalizados. En este trabajo se plantea a este entumecimiento subjetivo como una categoría que puede ser utilizada para dar lectura de lo social y de la época en que vivimos. Por esa razón, en este capítulo vamos a empezar intentando objetivar esta *afectación estructurante* para usarlo como elemento central en la colocación que se ha escogido. El distanciarse de lo emocional va a servir como momento metodológico para pensar y comprender los fenómenos sociales que se quieren articular.

Para objetivizar el concepto, la resemantización va a servir como la herramienta que nos permita crear un cuerpo de conceptos, ya

---

[2] Michael D. Shear y Julie Hirchfeld Davis, "Stoking Fears, Trump Defied Bureaucracy To Advance Immigration Agenda", en *New York Times*, 2017.

[3] Estas fueron las palabras del presidente Donald Trump durante su presentación a la nación el 1º de noviembre de 2018. Ver Remarks on the Illegal Immigration Crisis and Border Security (consultado en https://www.whitehouse.gov/briefings-statements/remarks-president-trump-illegal-immigration-crisis-border-security/).

[4] Josh Dawsey, "Trump derides protections for immigrants from 'shithole' countries". En *Washington Post*, 2018.

nutridos por sentidos y significados que nos ayuden a representar la totalidad del fenómeno actual. Con esto se crea un lente objetivo que permite observar los fenómenos, pero sin dejar de lado aquella experiencia y reflexión inicial que generó formas alternativas para observar los síntomas de la época.

1. Narrativa de la colocación

El *entumecimiento subjetivo* es una sensación estructurante que afecta al sujeto y que determina la forma en que uno se desenvuelve en los distintos contextos. Este entumecimiento va acompañado de un campo emocional que se revela con las marcas fundantes de *impotencia, confusión, desnaturalización* e *incertidumbre paralizadora.*

La *impotencia* es la sensación de que uno no tiene la capacidad para actuar significativamente en su propio contexto y atender a sus propias preocupaciones. Se llega a asumir que el sistema tiene tanto poder, que no quedan otras alternativas y hay que resignarse a lo determinado-impuesto. Esta sensación hace que la violencia, la discriminación y otras características sociales presentes de nuestro entorno se presenten constantemente y, por lo tanto, el sujeto empieza a naturalizar aquello que antes se creía como posible de cambiar. La impotencia es un sentimiento que está acompañado muy de cerca por la frustración, porque el poder de lo hegemónico es tan fuerte que también trae otras emociones, como el miedo o coraje.

La *confusión*, la cual es otra de las marcas fundantes, empieza cuando el sujeto se encuentra en una situación coyuntural significativa que rompe con lo tradicionalmente alineado a los estándares básicos de lo acostumbrado socialmente. Por ejemplo, una ley de reforma migratoria o de lucha contra la pobreza que apunta a ayudar al marginalizado, también puede enmascarar acoso. En estos casos, en donde se rompen las normas sociales de convivencia, se genera desconcierto en los sujetos. Uno no encuentra lógica a lo que está sucediendo, sino contradicciones a los acuerdos del orden social conocido, lo cual genera zozobra emocional. Las coyunturas que confunden crean un vacío de entendimiento social que se vuelve desestabilizador para el sujeto, y hace que cambie su percepción del contexto y los contratos sociales. Las decisiones hegemónicas de dominación que el sujeto desvela, al reconocer esta marca fundante, dan cuenta de que el sistema intenta cerrar oportunidades para discriminar aun más, y descubre la fuerza del patrón jerárquico existente. Esta afectación del sujeto hace que este rompa con las bases emocionales con las que se desenvolvía anteriormente, las cuales apoyaban la participación social solidaria que hasta entonces guiaban la imaginación para poder ser un sujeto social.

Otra marca importante es la *desnaturalización*, la cual está producida por la impresión de que no hay espacio para uno mismo como sujeto dentro de la sociedad, y que, para poder participar dentro del sistema, uno tiene que aceptar la negación que el sistema le atribuye. La negación sistémica produce una carga emocional que **abruma** y se percibe como eternamente desesperanzadora, lo cual es agotador. El sentimiento de pasar por el mundo sobreviviendo es una vivencia asociada a esta negación del sujeto.

Todas estas marcas están enmarcadas en una temporalidad, y esto es importante considerar, ya que el entumecimiento subjetivo no es una condición permanente, sino que dura un tiempo y después desaparece. Lo esencial tiene que ver con lo que el sujeto decide hacer mientras se encuentra entumecido subjetivamente. Similar al entumecimiento de una pierna, cuando uno decide caminar suele masajearse o esperar a que se le pase esta sensación, pero la diferencia con el entumecimiento subjetivo, es que el sujeto que no reflexiona para concientizar por lo que está pasando puede que termine adaptado al sistema impuesto, sin la posibilidad de pensar críticamente y participar activamente en las decisiones que afectan su propia vida.

Como hemos visto, el entumecimiento subjetivo se manifiesta a partir de coyunturas significativas y estructurantes en las vidas de las personas que enfrentan al sistema hegemónico. Este entumecimiento inicialmente paraliza por la magnitud de obstáculos que se presentan frente a nosotros y de los sentimientos que genera en el sujeto. Si bien el sujeto conoce e imagina el horizonte al que quiere llegar, el sistema fortalece la idea de que el camino está cubierto y no hay salidas posibles. Esto también genera otra marca importante que es la *incertidumbre*. Dicha marca es fuerte y está normalmente acompañada por la ansiedad, la cual ahonda en las sensaciones de desesperanza y dan ganas de darse por vencido. Lo que antes se veía como proyecto de vida posible y claro ha sido derrumbado por la presión sistémica para cuestionar y desestabilizar los sueños propios del sujeto.

Estas marcas, que podríamos llamarlas de época,[5] pero también estructurantes en lo subjetivo, son las referencias de colocación que vamos a usar para pensar y analizar las coyunturas sociales discriminatorias provocadas por el sistema. Si bien estas marcas fueron inicialmente articuladas desde una experiencia personal con el trabajo con los chicos en situación de calle en el Perú, son marcas que también

---

[5] Estas marcas son generalizadas en la vidas de los sujetos contemporáneos, y tienen la potencialidad de desencadenar conciencia, esperanza y orientación en nuestra época para responder a las preocupaciones más sentidas. Sobre todo en sujetos que se enfrentan a coyunturas difíciles. Janine Puget, en su contribución titulada "Elementos para reconocer la historia de la dictadura en Argentina" (en Puget y Kaës, *Violencia de Estado y psicoanálisis*), representa esta situación y tiene reflexiones como "el estado mental estaba ocupado por el caos social, pero también de que algo tenía que cambiar"; "la imposibilidad de recurrir a las leyes porque eran protectoras del delito"; o "la prohibición de pensar". Elementos que demuestran la reducción de posibilidades para encontrar curso a la identidad de uno. Si bien ya son 30 años de estos eventos, estos sentimientos de faltas de alternativas han sido heredados por el sistema que, como dice Judith Butler en su libro *Mecanismos psíquicos del poder*, determina y subordina las vidas de las personas.

emergen en otros contextos. Por eso mismo es importante objetivar el entumecimiento subjetivo para que pase de ser de una afectación estructurante a un lente que nos permita leer realidades y contextos sociales distintos. Sólo así se va a poder identificar el entumecimiento en nuestras propias realidades sociales.

2. El entumecimiento subjetivo en la realidad social

El entumecimiento subjetivo es un campo y estado emocional que se forma en un contexto abrumador de violencia objetiva inconsciente,[6] el cual despoja al sujeto de su propio ser para reproducir en él los elementos contextuales del sistema hegemónico.

El entumecimiento subjetivo (por su capacidad de desestabilizar, paralizar y borrar horizontes posibles) doblega mentes y voluntades, niega a los sujetos y cierra las opciones de futuros esperanzadores. Este estado emocional, por estar acompañado de violencia sistémica y sistemática, nos prepara para aceptar inconscientemente la imposición de elementos ideológicos que terminan controlando nuestros destinos. En esas circunstancias, el sujeto naturalmente se adapta para perdurar, pero el problema se basa en que al entumecernos subjetivamente nos compartimentamos,[7] sin la posibilidad de traspasar los límites creados por el contexto y transformar nuestros espacios. La resistencia se siente por el ataque del sistema al sujeto para obligarlo a perder las esperanzas

---

[6] Slavoj Zizek, en su libro *Sobre la violencia. Seis reflexiones marginales*, ve que en contextos influenciados por el capitalismo global el sujeto está objetivizado y percibido como desechable y excluido.

[7] La compartimentación, desde el entumecimiento subjetivo, se percibe a través de una segmentación interna que fuerza a lo autónomo-subjetivo a limitarse para dar preferencia a la influencia de lo hegemónico. Esto lleva a pensar si la costumbre social por segmentar y aislar en la sociedad parte de los efectos de la segmentación interna del individuo, y que luego se representa y se nutre de lo social.

del propio esfuerzo liberador, y convencerlo de dejar de lado la lucha por transformar la realidad social, según lo que más le concierne.

Dar cuenta de esa resistencia que nos niega las posibilidades de participar en el contexto ya es un síntoma del entumecimiento subjetivo, donde los espacios saludables de interacción en los que queremos participar se pierden poco a poco para dejar al contexto controlar nuestros deseos. La incertidumbre que se da durante el entumecimiento subjetivo, entrampada en la paradoja del deseo de vivir mejor con la violencia objetiva, entumece subjetivamente por la agresividad del sistema. Es un estado de paralización creciente, que parte del malestar que el sujeto siente por lo que está ocurriendo sin ver una aparente salida, pero que está condicionado principalmente por fuerzas externas para instaurar lo hegemónico que suprime la subjetividad.

3. Por el control de la consciencia

Las tensiones, a las que el entumecimiento subjetivo responde, están producidas por elementos que son reproducidos en nuestros contextos y que apuntan a minimizar las subjetividades, especialmente para reprimir aquellas consciencias autónomas que reclaman al sistema hegemónico el espacio que permita responder a las propias preocupaciones de los sujetos. Para comprender mejor al entumecimiento, vamos a sacar a la luz algunos elementos que se manifiestan en la realidad social para controlar la consciencia.

El desprecio

Axel Honneth (2011) analiza la invisibilidad, como forma de desprecio social, y la relaciona a la epistemología del reconocimiento. Dentro de esta epistemología, él encuentra el nexo entre la patología y la razón, para identificar los elementos despreciados por el sistema. Este es un punto que toca la centralidad del entumecimiento. Es en esa tensión que se da entre la necesidad de los sujetos para poder alcanzar sus deseos y necesidades participando activamente en la transformación social, y el desprecio institucionalizado a la gama de subjetividades que amenazan con lo dado y con las estructuras de poder en donde se produce el entumecimiento subjetivo. El desprecio sistémico es un punto central originario del fenómeno social que nos preocupa, pero subordinando al deseo por el reconocimiento del sujeto que quiere participar en la construcción su propio destino y contexto social.

La desverbalización

Un elemento que subyace del desprecio institucionalizado es la desverbalización. Siguiendo a Honneth (2011), las clases socialmente dominantes se ven obligadas normalmente a justificar el orden social que las privilegia y, por lo tanto, buscan impedir las posibilidades de manifestación de sentimientos sociales de injusticia a través del "robo de la lengua" (p. 65); así, nombra a este proceso como "desverbalización", el cual incorpora un proceso de represión institucional de las tradiciones culturales, y de los procesos de aprendizaje político de movimientos sociales de resistencia.

Esta desverbalización de los sujetos contribuye al entumecimiento subjetivo, ya que no permite la transmisión de las experiencias históricas de resistencia comunitarias, a través del bloqueo de vías lingüísticas y simbólicas que articulan los logros de las luchas sociales; este proceso oculta al sujeto y lleva al subdesarrollo de los dispositivos de articulación lingüística de nuestras preocupaciones, lo cual conduce a bloquear simbolismos esenciales para la formación del sujeto como la memoria, la identidad y la historia.

La jerarquía

La individualización, según Honneth (2011), es el andamiaje categorial provisional que, junto con el proceso de desverbalización, inician el control social de la consciencia. El individualismo, con su afán de protagonismo individual y prestigio, "hace que las personas se encuentren sólo con la intención de fingir talentos y fuerzas que les puedan proporcionar un grado más alto de reconocimiento social" (p. 83). En la misma línea, Machiavelli (1995) decía que para mantener el poder lo más importante no es alcanzar el bien social, sino aparentar que se trabaja por el bien común. Las apariencias y talentos fingidos tiene un rol social porque da acceso a beneficios e influencias que no son posibles para todos, y eso mantiene jerarquías sociales que se reproducen como parte del sistema dominante.

La percepción y la manipulación de la desigualdad social, el engaño, el fingimiento y la envidia, que acompaña al deseado prestigio en nuestra sociedad, son también elementos esenciales para ver cómo esas actitudes influyen en el entumecimiento subjetivo. Por ejemplo, la presión social por ser competitivo y demostrar valor en el área laboral, puede hacer que el sujeto deje de lado las preocupaciones propias y se aliene a las demandas que el contexto dominante tiene como prioridad. Lo problemático con este escenario se encuentra en que, al trabajar para ganar reputación dentro del sistema, nos alejamos de lo nuestro, y así dejemos que prevalezca el sistema encubridor de las luchas para recuperar subjetividades autónomas.

La "raza" y el trabajo

Con relación a la jerarquía, para Quijano (2014) existen dos procesos históricos creados por los colonizadores para mantener el poder: la creación de la idea de raza y el control del trabajo. Para él, la raza y la identidad racial, así como el capitalismo, desde la colonia, se han convertido en instrumentos de clasificación social. La supuesta diferente estructura biológica de que unos son naturalmente superiores y el capital –como eje en torno al cual se articulan las demás formas del trabajo, recurso y productos– han jerarquizado las estructuras sociales y nuestra manera de pensar sobre la participación de las personas en nuestros contextos.

El origen de los sujetos en nuestros distintos contextos demuestran la diversidad de voces y culturas que se transmiten a través de la diversidad, y lo que esa diversidad ha aportado a la construcción de la sociedad, pero cuando elementos de identidad y nación sirven para controlar la división del trabajo y la jerarquía social, entonces se convierten en mecanismos de alienación y discriminación; por lo tanto, esto genera un contexto fértil para el entumecimiento subjetivo. Lo que busca la hegemonía es mantener la jerarquía y, en ese sentido, se puede usar la raza y el control del trabajo para alejar al sujeto de su propia subjetividad. Todo lleva a que uno encaje en un formato de control social de la consciencia, y nos constituyamos instrumentos eficaces de dominación. Es la tensión entre estos mecanismos con la resistencia a los mismos por parte de la subjetividad del sujeto lo que lleva al estado del entumecimiento.

4. La emergencia de la subjetividad: haciéndose cargo del entumecimiento subjetivo

Los esfuerzos hegemónicos por el control de la consciencia encuentran niveles de fricción en la subjetividad[8] de cada sujeto. El intento por

---

[8] La subjetividad es lo propio a uno que tiene la capacidad de movilizar al sujeto a conocer y conocerse a partir de sus propias experiencias, dialogando con el contexto en que se encuentra, y nos permite responder a las preocupaciones más sentidas para crear realidades alternativas.

negar los deseos propios al sujeto y de eliminar las posibilidades de su participación social protagónica es manifestada a través del entumecimiento subjetivo. Esta represión de imaginarios alternativos de construcción social intenta encubrir las memorias, identidades e historias que articulan las subjetividades autónomas[9] de los sujetos. Por eso, prestarle atención a lo que tensiona el proceso hegemónico de homogeneización del sujeto, y desde donde el entumecimiento subjetivo se manifiesta –el contexto encubridor enfrentado al sujeto que quiere responder a sus propias preocupaciones– nos abre a rumbos alternativos que movilizan la subjetividad protagónica del sujeto y que responden a las preocupaciones de uno mismo en el contexto. Esos esfuerzos son los que han conseguido los logros sociales significativos: la libertad, el voto a la mujer, la jornada de las ocho horas, la seguridad social y otros beneficios –que ahora son considerados como derechos universales– fueron conseguidos por sujetos y grupos que lucharon contra lo hegemónico. Por esa razón, en las siguientes líneas de este capítulo vamos a rescatar a algunos autores que de alguna manera nos dan pistas de las posibilidades de la emergencia de la subjetividad cuando se lidia con el entumecimiento. Este esfuerzo por la emergencia es necesario para no darnos por vencidos, y poder enfrentar a la impotencia, al vacío ético desestabilizador, y a los poderes alienantes que no quieren dar cabida a nuestras subjetividades.

La creatividad autónoma

Judith Butler (2016), en su libro *Mecanismos psíquicos del poder*, nos dice que el poder nos subyuga, pero aun así lo necesitamos, porque dependemos de él para nuestra existencia e identidad. Por lo tanto, el

---

[9] "Subjetividades autónomas", en este trabajo, se refieren a aquellos espacios subjetivos en donde el sujeto tiene la oportunidad de alejarse de lo determinante por la coyuntura social para encontrarse en su esencia y poder actuar en la realidad. A este mismo fenómeno, también se le llama, en este trabajo, la *esfera de la intimidad del sujeto*.

yo, dice Butler (2016), sólo puede emerger negando su propia formación en la dependencia. Si nos hemos formado bajo la sujeción y la subordinación, la posibilidad de que lo subjetivo emerja se da cuando enfrentamos a lo que nos hace dependientes; entonces, el entumecimiento subjetivo es una lucha subjetiva por el estar, el querer ser y el devenir.

Si bien el entumecimiento subjetivo no es algo que se da en todos, ni tampoco en todo momento, cuando se da genera una necesidad epistemológica de querer tomar decisiones sobre el camino a recorrer, relacionarse con el contexto, y construir conocimientos relevantes a uno. El deseo autónomo de querer ser y conocer, a pesar de estar entre alerta y ofuscado por el entumecimiento, nos demuestra que el sujeto se encuentra en un estado transitorio que demanda atención.

Butler (2016) reafirma la posibilidad de la emergencia de la subjetividad en un mundo subyugado, cuando dice que "la reiteración del poder no sólo temporaliza las condiciones de la subordinación, sino que muestra que éstas no son estructuras estáticas sino temporalizadas, es decir, activas y productivas" (p. 27). En ese sentido, desde el estar entumecido subjetivamente, el sujeto puede reconocer la transitoriedad de las formas de poder y, de esa manera, tiene la posibilidad de resistir para no adaptarse al sistema hegemónico (como víctima o reproduciéndola), sino ejercer su deseo participativo en el cuestionamiento de los contratos sociales establecidos. Prácticamente, la violencia entre la población que vive en la calle, la xenofobia del gobierno, el machismo, etcétera, no tienen por qué ser vistos como permanentes a nuestra realidad, sino resultado de una unión de fuerzas sociales que confluyen y determinan esa situación. Por eso, para ser capaz de cuestionar lo existente, hay que poder ver críticamente a los contratos sociales también como parte resultante de la sujeción.

Butler (2016) también escribe que "cuando las categorías sociales garantizan una existencia social reconocible y perdurable, la aceptación de estas categorías, aun si operan al servicio del sometimiento, suele ser preferible a la ausencia total de existencia social" (p. 31). De la misma manera, transitar por el entumecimiento es reconocer, consciente o inconscientemente, esa necesidad de adaptarse a lo dado por el contexto social para subsistir. Reconocer de manera incómoda el sometimiento y la falta de alternativas es lo que nos ubica en un estado de confusión. Si el sometimiento es lo único que se puede divisar en esa tensión que el entumecimiento subjetivo presentó, entonces "la elección se vuelve imposible, el sujeto persigue la subordinación como promesa de existencia" (p. 27).

El entumecimiento subjetivo es estar abrumado con las faltas de alternativas para ser autónomo, y tensionado con no aceptar el lugar que el contexto nos está determinando. El sujeto que participa en una realidad que amenaza con la disolución de un sujeto y sus relaciones sociales, y fuerza una reflexión alternativa para sustituir el vínculo quebrantado consigo mismo, no tiene otra alternativa para defenderse que escuchando su alma descontenta como única posibilidad de sentido existencial. El entumecimiento subjetivo es por eso también una sensación activada para dar la oportunidad de mantener vivo a ese sujeto que está siendo aplastado por lo que lo subordina, donde *"muerte"* significa la separación del deseo de ser, por el determinismo de pasar.

El entumecimiento subjetivo emerge como la tensión entre el amor de uno y el temor de desaparecerse por convertirse en objeto del sistema. Por ello, el entumecimiento es una activación con la capacidad de asumir la protección el espacio de lo subjetivo autónomo. De esa manera, no perder la posibilidad de la creatividad autónoma para transformar contextos y responder a las propias preocupaciones.

A pesar de que lo hegemónico se ve como un monstruo imparable, debemos desarrollar la capacidad de ver los espacios que son posibles de transformar o guiar. Para Butler (2016), la paradoja temporal del sujeto es tal que forzosamente debemos abandonar la perspectiva de un sujeto ya formado para poder dar cuenta de nuestro propio devenir. Ese devenir es una práctica llena de riesgos, impuesta pero incompleta, flotando en el horizonte del ser social. (p. 41)

De igual manera, el entumecimiento subjetivo es el estado de reconocimiento que lo impuesto no tiene por qué condicionarnos completamente, ya que está incompleto y, por lo tanto, expuesto a ser influenciado por el devenir protagónico de uno. De esa manera, una vez que lo determinante se revela y muestra que la lógica hegemónica está sobre cualquier deseo emancipador, el sujeto –en su proceso de pensarse a sí mismo y tomar consciencia de lo que sucede– tiene que decidir si se enfrenta a lo dominante y encuentra espacios alternativos para desarrollarse, o se adapta a lo hegemónico.

Constelación de posibilidades

Gentile (2015), en su artículo "El recuerdo del 'mal': historizar la memoria", habla del proceso de congelamiento del pasado creado por el sistema para quitar al sujeto la posibilidad de interpelar a la historia. Por eso, dice ella,

asumimos representaciones del pasado que no nos afectan, representaciones sin marcos reflexivos que nos involucren, […] esa representación nos lleva a un lugar de tránsito, a una escena que puede ser contemplada pero no admite intervención alguna (p. 367).

El entumecimiento subjetivo tiene similitudes a la idea del congelamiento de la historia de Gentile. El sujeto se encuentra avasallado por la magnitud de las estrategias del olvido y se siente obligado a alienar identidades. Asume representaciones que son alejadas a las preocupaciones propias y, por lo tanto, desvanece la lógica del sentido de las luchas que enfrentaron al sistema. El intento de responder alternativamente al sistema alienante, para no continuar con el progreso lineal que se incentiva por lo hegemónico, es rechazado y muchas veces contrarrestado con desprecio y violencia.

Se ha preferido desaparecer completamente la memoria de las comunidades y de su paso por la historia, por eso el entumecimiento subjetivo por el que transitamos está afectado por la fuerza del sistema invisibilizador. Ser negado, de manera tangencial, o convertirse en una anomalía de la época son las amenazas del sistema a lo alternativo radical para demostrar lo que le va a suceder al sujeto si no se adapta.

Gentile (2015) escribe que "el propósito de la relación del sujeto con la externalidad es conformar una postura respecto de sus circunstancias colocándolo ante una constelación de posibilidades" (p. 367); es en ese esfuerzo de ubicarse en el momento histórico mediante un acto de pensamiento lo que hace que el entumecimiento subjetivo no nos guíe hacia la paralización y nos permita ser y estar. Poder representar las propias preocupaciones, tener alcances a posturas alternativas, y continuar con la memoria histórica de nuestras comunidades, es dar espacio a la subjetividad del sujeto y, por lo tanto, reconocer el valor de lo propio subjetivo.

La curiosidad

La naturaleza del ser humano es, para Paulo Freire (1997), el permanente movimiento de búsqueda. Freire le llama a esto *curiosidad ingenua*, y su intención es llevarnos a reflexionar que uno tiene que aprender a escuchar su propia curiosidad para poder cuestionar *lo dado*, y probarse como inquietud constructora de nuevos caminos. Freire también explica que la curiosidad ingenua, que se hace crítica, se vuelve una curiosidad epistemológica. Entonces, el trabajo creativo de uno está en convertir ese entumecimiento en una curiosidad rebelde, entendida como aquella curiosidad crítica, insatisfecha, indócil.

La curiosidad rebelde es necesaria para poder defendernos de irracionalismos resultantes de ciertos excesos de racionalidad. El entumecimiento, para que no sea lo mismo que apatía o adormecimiento, tiene que afrontarse como un momento transitorio del que uno se quiere liberar. Si la curiosidad ingenua de Freire se despierta en el sujeto, entonces el entumecimiento subjetivo sería una alerta para identificar el nivel de compromiso que tenemos y queremos con el mundo y con uno mismo. Es la oportunidad de comprometerse a descubrir aquello que la externalidad no reconoce, pero la subjetividad valora. Lo que supone hacer un trabajo digno y amoroso para descubrirnos en relación al mundo y responder a lo hegemónico del contexto en que se vive.

La insatisfacción por lo hegemónico del sistema, y la satisfacción que nos da la participación activa social de la construcción de nuestros propios caminos, son los polos por los que pasa la catarsis del sujeto con espíritu luchador, y que ve en el entumecimiento subjetivo un síntoma que lo lleva a cuestionar lo que sucede. Por eso mismo, el entumecimiento de la subjetividad, más allá de estar en un estado incómodo desesperanzador, es un sentimiento de respuesta a la desesperanza, que obliga al sujeto a participar en un movimiento de búsqueda constante con esperanza.

El ser rebelde con fundamentos radicales y críticos es disminuir las razones objetivas de la desesperanza que nos inmoviliza y nos destruye el ser. La duda que instiga, y la esperanza que despierta, es la transgresión vista como posibilidad amorosa a la construcción social, es el aspecto ético del espíritu desentumecedor. Como dice Freire (2005), "no tenerle miedo de apostar a la libertad, a la seriedad, a la amorosidad, a la solidaridad ya que en su lucha se aprende el valor y la importancia de la rabia" (p. 102). Por eso, desentumecerse subjetivamente es responder a la resignación de lo dado para apropiarse del mundo de uno con la intención de comprender el origen de su curiosidad –el cual es uno de los puntos fundadores de la producción de conocimiento, participación política / social coherente, etcétera–. La curiosidad rebelde y crítica es el motor que debemos alimentar constantemente para estar alerta y poder participar del proceso desentumecedor necesario para responder a las comodidades que el sistema homogeneizante ofrece a los sujetos para olvidarnos de lo propio.

El espíritu indomable

Como ya hemos visto, el entumecimiento es un estado que parte de experimentar y reconocer un orden injusto que, parafraseando a Paulo Freire (2005), es un orden que engendra violencia en el opresor, y deshumaniza al oprimido. Al mismo tiempo, hay un sujeto que no se reduce a sólo ver lo que se le presenta, sino que está dispuesto a cuestionar, enfrentar y reimaginarse. A ese sujeto le vamos a llamar de *espíritu indomable*.

Dussel (1994), igual que Freire (2005), nos da pautas que podemos usar para responder al entumecimiento subjetivo, y él dice que el máximo de conciencia crítica posible es poner en cuestión las premisas de la modernidad como violencia civilizadora. Entonces, para movernos del entumecimiento a la construcción de nuestras subjetividades autónomas que producen realidades alternas a lo homogéneo, hay que desenmascarar los mitos contemporáneos de nuestros contextos, y así participar de una reflexión crítica para la reconstrucción históricamente aceptable y que encuentre espacios para los sujetos dentro de lo controlado por lo hegemónico.

Por un lado, hay un comportamiento prescrito del sistema jerárquico para darnos un rol en esa jerarquía aplastante, pero, por el otro, hay un aspecto del entumecimiento subjetivo ansioso por encontrar lo alterno y lo propio. Estamos viviendo en una paradoja con el entumecimiento subjetivo: o uno se adapta o se enfrenta. Decidimos o por estar engatusados con la convicción de imponer un sistema bajo la lógica de lo correcto y justo, o por prestar atención al entumecimiento de uno para convertirse en voz alternativa, enfrentándose al sistema que pisotea y doblega los espíritus. Cada sujeto va a tener que dar respuesta a este dilema; pero los pocos que no se doblegan y persisten en conocer las realidades invisibilizadas, mediante su proceso, son aquellos que van a prepararse para leer los contextos de manera crítica, y van a tener la posibilidad de responder de manera creativa a las necesidades de nuestros pueblos.

La esfera de la intimidad

Lo cotidiano está también afectado por lo que ha sido socialmente domesticado, impersonalizado y rutinario. El pensamiento crítico, enfrentado a lo cotidiano, se ve como un acto que irrumpe lo normal porque quiebra con la rutina alienante. En ese sentido, el entumecimiento subjetivo, por construirse con las fuerzas controladoras de la rutina, mantiene al sujeto distanciado de las posibilidades de irrupción del sistema. Lo que lo acerca a la irrupción es, como ya dijimos, aquella fuerza interior del sujeto que se enfrenta a las circunstancias condicionantes y modeladoras de nuestras percepciones y modos de ser que son parte de la cotidianeidad.

Esa fuerza interior es lo que nos sugiere actuar y reactuar en choque con las limitaciones. La reacción al entumecimiento subjetivo –ese esfuerzo por desarmar lo establecido-absoluto y descubrir lo inédito– está acompañado del cuidado que el sujeto le da a la esfera de lo que es propiamente suyo. Schaff (1985), en su libro *¿Qué futuro nos aguarda?*, considera que el esfuerzo por el "individualismo moderado significa luchar no por una libertad total de todas las restricciones sociales, sino por la conservación de una esfera de intimidad" (p. 120). Para él, lo socialmente determinante siempre va a existir, pero no por eso debemos perder de vista aquello propio a uno mismo. Por eso, la esfera de la intimidad, entendida como el espacio propio y profundo que sólo el sujeto conoce de sí mismo, es un espacio que puede ser visto como un lugar santuario, necesario para colocar a la subjetividad autónoma. El entumecimiento subjetivo es, por lo tanto, esa sensación que se da cuando lo hegemónico afecta a la esfera de la intimidad del sujeto para desnaturalizarlo. Ese choque entre lo que determina y lo íntimo da la oportunidad al sujeto de decidir si quiere participar activamente en la construcción de su propio destino y enfrentar los esfuerzos objetivizadores del sistema.

Pero la fuerza externa de lo homogeneizante puede ser tan poderosa, que hace que la subjetividad no pueda separar lo autónomo de lo determinado por el sistema. Por eso es importante identificar esos parámetros que impiden vernos a nosotros mismos en todas nuestras posibilidades, y romper con ellos (Zemelman, 2007). La presión por la normatividad es una tendencia que parte de todos lados, y pisotea la subjetividad de uno imponiéndonos las responsabilidades que debemos de asumir. En ese sentido, el entumecimiento subjetivo es ocasionado por la determinación que elimina el protagonismo constructor del sujeto, ya que niega *lo indeterminado* –aquello que es posible de ser transformado por el sujeto debido a que el sistema no lo monopoliza bajo su control– del contexto.

El esfuerzo para comprender el contexto del sujeto, según Zemelman (2007), se debería encontrar en dar cuenta de los nudos de potenciación, al tensionar las regulaciones normativas predeterminadas. Cuando el trabajo hegemónico socava los esfuerzos subjetivos de construcción de contexto, la esfera de la intimidad se ve afectada obligándola a que se asuma lo dado por el sistema. Por esa razón, la oportunidad de encontrar maneras de irrumpir con los papeles dados es un espacio importante para mantener lo íntimo propio a uno mismo.

En lo cotidiano

Lo cotidiano determinado nos eclipsa cuando sirve para alimentar la jerarquía social –roles determinados por algún tipo de discriminación–, pero las rutinas también nos pueden dar pistas de aquellos espacios que pueden servirnos para abrir a nuevas posibilidades. Para lograrlo, es necesario prestar atención a aquellas cosas que el sistema excluye y que no han sido domesticados o no sean útiles para el sistema. Este esfuerzo es importante porque "la capacidad del sujeto no puede quedar atrapada en determinaciones sociales, especialmente en los parámetros que impone el orden con sus múltiples exigencias funcionales de acomodación y de comunicación" (Zemelman, 2007, p. 147). Por el contrario, el meollo del asunto se encuentra en aperturar al sujeto para que alumbre la liberación del espíritu luchador, y confronte al intento de lo determinado por controlar la esfera de intimidad propia del sujeto. Como el sujeto es un sujeto social que se apoya de su contexto y comunidad para dar cuenta de la realidad, el proceso de alumbrar el espíritu luchador es, por lo tanto, un proceso que requiere de un contexto propicio.

La realidad se tiene que analizar en relación con los espacios de posibilidades, ya que reconocerlos abre el camino para poder salir del entumecimiento subjetivo; pero sólo puede verse lo potencial de las posibilidades a partir de decidirse a hacer una búsqueda intencional para desplegar esfuerzos que abran ángulos de expresión (para luchar contra la desverbalización) y participación (para aperturar los deseos de la esfera de la intimidad). Esto conlleva a permitirnos romper con los límites que atrapa al sujeto, y participar de un proyecto de cambio o de emancipación.

5. El entumecimiento subjetivo como estado de alerta

El entumecimiento subjetivo está determinado por sensaciones de negación que desequilibran (confusión, impotencia, desnaturalización e incertidumbre), y que hacen que uno sienta que está sobreviviendo desesperadamente. Todo esto es consecuencia de la actuación del sistema hegemónico en el sujeto, ya que apunta a controlar, limitar y someter la autonomía de sujeto para poder reproducir los intereses del sistema hegemónico. En ese sentido, para poder doblegar y despojar subjetividades, el sistema utiliza herramientas que le permiten controlar consciencias. Las herramientas significativas que hemos encontrado son las normativas discriminatorias, la reproducción de jerarquías, la necesidad de fingir talentos, la exclusión, el bloqueo de simbolismos (historia, memoria, identidad) y reprimiendo la lengua.

Lo importante que hay que resaltar es que el estudio del entumecimiento subjetivo no es la crónica de una tragedia, ya que el sujeto afectado tiene la posibilidad de darse cuenta de lo que le sucede al hacer una reflexión concientizadora de su situación. Esta reflexión le va a permitir revelar el sistema hegemónico que abruma, y reconocer que el sistema con sus estrategias de olvido y esfuerzo por encubrir la memoria, historia e identidades es parte de lo que él hace para mantener su poder y jerarquías. Una vez que uno se da cuenta de que lo hegemónico es una estructura construida en el tiempo, y que por lo tanto está incompleta –por esa razón busca sujetos para mantener las estructuras que sostienen lo hegemónico–, entonces se pueden buscar los espacios de elección del sujeto.

A partir del reconocimiento de la construcción temporal del sistema, y de la necesidad del sistema de reclutar individuos para reproducir lo hegemónico, el sujeto tiene una elección, se adapta y es parte del sistema, o activa la resistencia. Esta resistencia activada le permite tensionar la homogeneidad, ser crítico, descubrir lo que el sistema ha invisibilizado, confrontar los contratos sociales, irrumpir con lo alienante y normativo del sistema, y abrirse a nuevas posibilidades.

La actitud de resistir al sistema hace que el sujeto busque una participación activa, persiga su curiosidad insatisfecha, responda a la desesperanza, reconozca que sus deseos son alcanzables, proteja su subjetividad autónoma, cuide la esfera de su intimidad, y se descubra. Todo eso apunta al deseo de participar en una construcción alternativa de los contextos.

Por lo tanto, el entumecimiento subjetivo, termina siendo una alerta inconsciente en el sujeto sobre la tensión existente entre el deseo autónomo y el sistema hegemónico. Esa situación da la posibilidad a algunos sujetos a hacer una reflexión conscientizadora y a darse cuenta de que pueden elegir cómo relacionarse con el sistema. Para llegar a eso, hay que querer responder a la sensación incómoda que esta tensión produce, pero la coyuntura, la comunidad con la que uno se relaciona y el contexto son los aspectos que van a posibilitar, o no, la reflexión crítica de lo que sucede.

Siempre han habido personas que se han enfrentado a lo hegemónico. Trabajar por reconocer el entumecimiento subjetivo, por el que uno pasa, es dar la oportunidad de hacer consciente este entumecimiento y permitir que la mayoría de personas pueda decidir si lo hegemónico homogeneizador del sujeto es el camino que quieren elegir o si lo alternativo autónomo tiene valor en sus contextos. Si deciden por lo último, entonces el enfrentamiento crítico se convierte en una posibilidad válida para la participación activa en las comunidades.

Cierre

El entumecimiento subjetivo permite pensar y analizar las coyunturas sociales que afectan directamente al sujeto, y ese proceso nos ha ayudado a darnos cuenta de: *1)* la carencia de espacios que el sujeto tiene para poder transformar los contextos alternativamente; *2)* los contratos sociales no están hechos para servir al sujeto, sino para mantener un orden jerárquico; *3)* la fuerza alienante del sistema abruma y agota; y *4)* los sujetos paralizan su acción transformativa cuando pierden la esperanza. Identificar las marcas estructurantes referentes del entumecimiento subjetivo es reconocer la imposición de los límites de sistemas hegemónicos para controlar subjetividades, consciencias y destinos de los sujetos. Estas manifestaciones son las que nos sirven de plataforma base para poder conscientizar las experiencias y realidades cotidianas de los sujetos.

Los esfuerzos por el control de la consciencia se apoyan en el desprecio social como herramienta para eliminar la participación autónoma del sujeto, y también en la desvaloración de los procesos culturales y políticos para bloquear simbolismos relacionados con la construcción de subjetividades liberadoras (memoria, identidad e historia). En ese contexto, existen individualismos que sirven al sistema hegemónico, aquellos que tienen afanes de protagonismo individual y de prestigio, pero también hay individualismos que están siendo alienados, como aquellos que buscan incorporar la diversidad de voces y culturas existentes, pero están siendo forzados a mantener la narrativa hegemónica.

En ese esfuerzo de lo hegemónico para controlar las conciencias encontramos que el entumecimiento subjetivo se produce porque el sujeto siente una resistencia que parte desde la esfera de su propia intimidad para no convertirse en objeto del sistema. El entumecimiento es el poder macro y hegemónico trabajando en nosotros, al mismo tiempo que la subjetividad intenta crear un camino protagónico de lo que le preocupa en lo cotidiano.

La lucha por la emergencia del sujeto en el medio del entumecimiento subjetivo permite formar camino desde lo cotidiano, y sin caer en argumentaciones puramente normativas. Esta participación en un proyecto de emancipación subjetiva va a servir para abrirse a leer contextos y responder a las necesidades de nuestros tiempos, ya que rompe con la cultura alienante y se enfrenta a las limitaciones de lo hegemónico. En ese proceso, y desde la rutina, se puede observar lo que está siendo excluido. Desde ahí se alimenta al espíritu luchador del sujeto, y se dan espacios que abren ángulos de expresión y participación que rompen con los límites del poder social.

En suma, la resemantización nos ha permitido no sólo darnos cuenta de que el entumecimiento subjetivo es un estado afectivo producido por la falta de oportunidades para actuar en lo que nos preocupa, sino que ocurre porque hay una fricción con lo hegemónico en la esfera de la intimidad de los sujetos para no permitir el desarraigo de lo propio y así darle espacio a la lógica estructural. El entumecimiento subjetivo es una sensación abrumadora que ocurre cuando lo hegemónico se empieza a incorporar en la esfera íntima del sujeto, pero con resistencia de lo propio alternativo. Nos alerta sobre las estrategias de olvido del sistema y del riesgo de ser meros observadores de nuestros destinos.

III. ¿CÓMO ESTÁ OPERANDO EL ENTUMECIMIENTO EN LOS LÍDERES SOÑADORES DACA AFECTADOS POR LAS POLÍTICAS MIGRATORIAS PROMOVIDAS POR EL PRESIDENTE DE LOS ESTADOS UNIDOS, DONALD TRUMP?

Introducción

En el capítulo anterior se abordó la categoría del entumecimiento entre los migrantes de procedencia hispana que residen en San Francisco, Estados Unidos. Se trata de una afectación colectiva que se activa en situaciones de alta tensión política y social, frente a las cuales se paralizan o pierden el horizonte que les impide visibilizar su acción y construcción de su propia defensa frente a los grupos dominantes que pugnan por deportarlos o por cercenar sus derechos humanos fundamentales.

La presente reflexión, por el recorte de la realidad, tiene como punto de partida el problema del entumecimiento subjetivo como parte del sistema de creencias en el que juegan simbolismos asociados con los inmigrantes indocumentados que residen en San Francisco. Se abordará un campo de observación que permita estudiar cómo estos sujetos ocupan y construyen significados que los llevan a entumecerse y que, en situaciones de crisis de alta tensión, no les permiten reaccionar u organizarse en relación con las políticas públicas migratorias que los afectan.

Se busca poner una especial atención en las construcciones simbólicas, culturales, políticas y subjetivas que predominan en la sociedad norteamericana y que están encausadas a generar una legitimidad en la supremacía de la "raza blanca" por encima de la diversidad cultural que existe en este país. ¿Lo anterior implica una territorialización de la discriminación racial, es decir, que se antepone como *identidad nacional* que el territorio norteamericano deba ser exclusivamente ocupado por ciudadanos con rasgos blancos?

Para estudiar las complejidades de este fenómeno, situaré como contexto y punto de articulación de múltiples determinaciones de la realidad la coyuntura de la política antiinmigrante generada por el presidente Donald Trump quien potencializó una narrativa racista popular. El entumecimiento, como categoría de análisis social, busca profundizar en los simbolismos y las subjetividades que se juegan en las luchas de reivindicación social. En este sentido, me interesa explorar cómo los líderes y luchadores hispanos migrantes lograron desentumecerse y desalienarse del sistema dominante.

El primer problema que tenemos que abordar es el carácter de la relación de conocimiento de los inmigrantes indocumentados, el ¿cómo se conoce a los migrantes? ¿Cómo salir de esos simbolismos que los estigmatizan como personas que no respetan la ley y que, por lo tanto, deben pagar las consecuencias de su estancia ilegal? La idea dominante es que estos están fuera de la ley y, por ende, deben pagar las consecuencias de su ilegalidad.

Esquemáticamente hablando, esta perspectiva lleva a pensar que cualquier esfuerzo por lograr la ciudadanía de estas personas pasa por las cortes judiciales y el sistema legal de los Estados Unidos. Sin embargo, la migración va más allá de las leyes escritas y, como lo sabemos, de las posiciones dominantes del momento.

Este es justamente nuestro propósito: plantear la articulación de la complejidad de los simbolismos geopolíticos dominantes concebida como el espacio de lucha para la reivindicación social de los migrantes indocumentados. La articulación de los simbolismos exige un esfuerzo para elaborar formas de lectura y captación racional que no se restrinjan al simple proceso de la comprobación de sistemas. ¿Cómo a través de los simbolismos se pueden reconocer las posiciones dominantes que tienden a imponer una identidad superior?

La tarea es relevante. Por una parte, se plantea ir más allá de las funciones expositivas y oratoria formal de la narrativa migratoria para encontrar, en cambio, los símbolos con que se representan las creencias subyacentes de lo normativo y lo legal. Por otra, se propone rescatar la racionalidad que considera lo subyacente a la materialidad e individualidad del mundo físico y cuya esencia puede vislumbrarse mejor a través de las respuestas emocionales subjetivas que contribuyen y generan la narrativa migratoria dominante.

En suma, se pretende desarrollar una reflexión acerca de la construcción de un conocimiento que no deje fuera lo cultural, mitológico, y otras cualidades esenciales que definen y sugieren prácticas transformativas que no necesariamente se están tomando en cuenta en las explicaciones dominantes del debate migratorio.

1. El entumecimiento subjetivo

Afectación colectiva en situaciones de alta tensión política y social

La elección de Donald Trump como presidente de los Estados Unidos cayó como un balde de agua fría para mucha gente en el estado de California. No sólo se esperaba que él no ganara las elecciones, sino que nos preocupamos mucho porque sus políticas inmigratorias amenazaban con poner en peligro a miles de estudiantes indocumentados que, durante la época del presidente Barack Obama, salieron del anonimato para reclamar sus derechos. A estos estudiantes se les llamó "soñadores", y para ellos Obama creó un programa llamado Acción Diferida para los llegados en la Infancia (conocido también como DACA por sus siglas en inglés). En este programa DACA, el gobierno federal aceptó a este grupo de estudiantes indocumentados y les dio un camino para ser reconocidos legalmente, lo cual también les otorgó acceso a beneficios para poder vivir y estudiar en los Estados Unidos. Ochocientos mil estudiantes se registraron bajo el programa de los soñadores en este país, y de ellos casi 225 mil se encuentran en California.

Para todos estos soñadores, el tránsito a registrarse en el programa DACA generó tensión porque requirió informar al gobierno de sus paraderos actuales, ya que habían estado viviendo en los Estados Unidos sin documentos, y eso expone a que los estudiantes o sus familiares sean arrestados o deportados en caso de que el gobierno federal los persiguiera por su estatus legal. Entonces, ¿cómo lidiaron, las familias sin documentos, con la decisión de registrarse en el programa DACA cuando sabían que podían ser presa fácil en caso de que alguna decisión gubernamental se orientara por su deportación o bien por su confinamiento debido a su estatus? El temor de ser deportados generó una angustia grande, ya que la mayoría de estos soñadores vinieron a Estados Unidos cuando eran muy jóvenes. Muchos no hablaban español y ni conocían los lugares donde nacieron; entonces deportarlos es mandarlos a un lugar totalmente desconocido y desarraigarlos de la comunidad que ellos habían construido. A pesar de eso, se debía tomar una decisión sabiendo que se trataba de un contexto que no dejaba de ser, de alguna manera, discriminatorio. ¿Cómo se sienten los soñadores cuando el contexto les dice que no pertenecen a ningún lado?

¿Qué les da ese sentido de pertenencia a los soñadores y a sus familiares indocumentados?

La elección de Trump motivó a muchas personas a salir a las calles para alzar la voz en grupo y reclamar lo inmoral de lo que estaba pasando, porque para muchos eso era una representación de que el racismo y la xenofobia, que se sentía latente en el país, tenían licencia para demostrarse abiertamente. ¿Cuál era la consecuencia en los inmigrantes DACA, con referencia a la participación ciudadana, de esta situación abrumadora? ¿Veían opciones reales de participar en el cambio, o se sentían empujados más al margen de la sociedad?

Obama deportó a muchas más personas que Trump lo ha hecho hasta ahora, pero la manera de operar que tiene Trump es diferente. Por eso me pregunto, ¿es el verdadero interés provocar miedo en la población latina? Por ejemplo, las autoridades ponen a policías migratorios en las estaciones de tren, cuando los pasajeros no tienen que enseñar documentos para subir al transporte público, entonces, ¿el sentido de esta medida es de servicio a la comunidad o se trata de atemorizarla? Si el temor está al centro para mostrar que las deportaciones masivas van a ser parte de las políticas públicas, ¿quién en verdad tiene el deseo de hacer deportaciones masivas y generar miedo en el proceso?

El temor de que la administración de Trump pudiera acceder a la información personal de los soñadores para deportarlos a ellos y a sus familiares es real, y eso ha generado paranoia. ¿Cómo controlaron los DACA y sus familiares la angustia y el miedo con la elección de Trump? ¿Regresaron algunos a la clandestinidad, y por qué? ¿Cuáles son las opciones de participación política y movilidad social que se discuten familiarmente en esa coyuntura?

Sujetos paralizados

Los jóvenes estudiantes tuvieron un rol fundamental en sacar adelante el programa DACA; si ellos fueron los disruptores del sistema, ¿debieron de estar preparados para la respuesta del sistema por haber creado una ruptura amenazadora? La elección de Trump hizo que los temores que los jóvenes tenían de ser perseguidos y deportados se incrementaran, y esa situación abrumadora afectó porque no permitía ver opciones reales de cambio y de participación, sino al contrario, los DACA se sentían empujados más al margen de la sociedad. Con esta respuesta con la que uno se enfrenta, ¿cómo se puede responder cuando uno se siente abrumado, perseguido, dependiente de las decisiones políticas y policiales, y sin muchas posibilidades de acción? ¿Qué opciones se tienen cuando no se sabe qué hacer políticamente y socialmente con una coyuntura como esta? ¿Qué dice el "no saber que hacer" del contexto donde nos encontramos?

Las universidades han recibido a estudiantes indocumentados desde mucho antes que el programa DACA existiera. Las opciones que el sistema educativo les daba hacía que los estudiantes indocumentados se registraran con sus pasaportes como estudiantes internacionales, y de esa manera ocultaban su verdadero estatus legal en los Estados Unidos. Entonces, ¿en qué sentido el programa DACA también fue diseñado como una estrategia de control social? Ahora nos percatamos de que algo que se vio como un beneficio social dirigido hacia una reforma migratoria inminente se terminó convirtiendo en una amenaza real disfrazada de un beneficio a corto plazo. ¿Es el optimismo por creer que las cosas siempre mejoran, una anteojera de las estrategias tiránicas disfrazadas de buena voluntad? ¿Qué sucede cuando una luz de mejora de la situación se convierte en sacrificio? ¿En qué medida el optimismo y la ilusión son caminos hacia lo determinado y entumecedor? ¿Es posible que el inmigrante indocumentado tenga el lujo de abandonar el pensamiento crítico como lectura del contexto social a cambio del optimismo? ¿Cuáles son las pérdidas?

La retórica nacionalista atacó a los inmigrantes de naciones que no son de raza blanca, e incluye a inmigrantes que provienen de América Latina, sin importar que la gran mayoría de inmigrantes estén buscando refugio por la violencia y abandono que viven en sus propios países. No sólo se deja de lado y sin importancia el contexto de violencia y abandono que obligó a muchos de los padres de los actuales DACA a migrar a los Estados Unidos, sino que se elimina el valor de toda una población por cuestiones racistas. ¿Qué opciones tiene el indocumentado cuando el racismo y la xenofobia se convierten en política pública? ¿Hay lugar donde uno pueda ir, estar y ser quien se quiere ser?

Los grupos dominantes

Hay varios grupos que condenan la creación de DACA. Por un lado, unos lo critican porque fue dado por una orden ejecutiva sin pasar por la aprobación del congreso, y por eso –dicen los opositores– carece de validez constitucional. Por otro lado, también hay un grupo que considera que el origen del estatus DACA es desde la ilegalidad –ya que lo consiguen desde estar en los Estados Unidos sin documentos– y eso lo consideran injusto para aquellas personas que se preocupan por obedecer las leyes. Lo que es aun más interesante del grupo que apoya este argumento, es que hay inmigrantes latinos que forman parte del grupo que condena DACA. La diferencia, dicen ellos, es que consiguieron sus beneficios de manera legal sin aprovecharse del sistema y engañar a la ley. Esta discusión hace saltar a la vista las jerarquías dentro del migrante. Hay unos que se consideran que valen, y creen que hay otros que no valen, entonces ¿cuál es el rol que la jerarquía juega en la conversación migratoria? ¿Cuáles son las fuerzas que determinan los principios de la jerarquía migratoria y cuáles son los que no se consideran? ¿Hay posibilidades de nivelar la conversación y desaparecer lo jerárquico?

Estados Unidos tiene la política de desmotivar a la gente que quiere inmigrar por la frontera sur de manera ilegal. Pero ¿por qué estamos en un momento en que las decisiones, leyes e intereses políticos que parten de la casa blanca son abiertamente crueles? Según los grupos conservadores, esta inmigración atenta contra la protección de sus fronteras y soberanía, por eso, para coaccionar hacia el respeto por la ley, recientemente se ha justificado separar a niños y niñas de sus familiares, y ponerlos en jaulas. ¿Por qué la crueldad está durando tanto? ¿Se puede desafiar a un sistema cuando se depende tanto de él, sobre todo económicamente? ¿Cómo se hace legítima la crueldad del blanco a otros pueblos?

La policía fronteriza, la cual está encargada de hacer cumplir la ley, es la que tiene que encarnar el monstruo que el sistema le pide ser, y termina atentado contra los más indefensos. Muchos padres y madres, al encontrarse con la separación de sus criaturas y con el trauma que esa separación les causó, decidieron firmar un documento para que los deportaran, con la condición de que los reunieran con sus hijos e hijas inmediatamente. No pudieron aguantar saber que sus hijos estaban durmiendo en el piso, mal alimentados y enjaulados. Hubo también quienes decidieron ser deportados, pero prefirieron dejar a sus infantes en manos de las autoridades de los Estados Unidos, porque regresar a su país podría significar la muerte para esos hijos –por las amenazas que habían recibido–. Ya podemos constatar que la separación o sufrimiento es inminente para el indocumentado que llega a la frontera, pero también sabemos que la situación en algunas regiones de América Latina es tan crítica que la gente está dispuesta a enfrentarse al duro camino de migrar ilegalmente para poder escapar a la violencia de sus propios pueblos. Los inmigrantes indocumentados al final están rodeados por sistemas violentos en donde uno lucha por sobrevivir, entonces, ¿son los sistemas violentos la única opción que se les da? ¿Tiene espacio lo dominante a no ser violento con el indocumentado?

Para entender la perspectiva de algunos de los grupos que se oponen al DACA, es importante reconocer que distintos sectores de la sociedad de los Estados Unidos se aferran al respeto a la ley, lo que ha permitido crear un sistema para la convivencia, y la institucionalidad del gobierno se basa en la fuerza de ese sistema para hacer cumplir la ley. Pero no se presta atención a las luchas y conflictos que llevaron a la creación de esas reglas, entonces ¿de qué manera el preguntarse por el origen de las reivindicaciones sociales no es parte significativa del sistema político y social? ¿Cómo se arranca de lo cotidiano el razonamiento lógico de los contratos sociales?

2. Los simbolismos asociados con los inmigrantes indocumentados

La construcción del campo de observación

Estados Unidos tiene una relación compleja con su propia identidad. Es un país de inmigrantes que casi desaparece a sus nativos, quienes ahora han sido prácticamente aniquilados y despojados de sus territorios originarios, y ese modo de vida simboliza una continuación de esa colonización y control que empezó con la colonia británica. A pesar de ser una nación controlada por descendientes de inmigrantes, la narrativa dominante se refiere al nuevo inmigrante como peligroso y criminal.[1] Se criminaliza al nuevo inmigrante en la opinión pública para que se cierren las puertas para la legalidad, pero – y esto

---

[1] Ver President Donald Trump, Remarks on the Illegal Immigration Crisis and Border Security (1º de noviembre de 2018).

es importante– permitiendo la vida en la ilegalidad. ¿Cuántos niveles de control social están en juego dentro de la narrativa antiinmigratoria de Trump? El inmigrante blanco dominador es evidente, pero ¿hay algo más?

Como parte de las lógicas de este control, se generaron tensiones dentro de las familias con estatus migratorio indocumentado, lo que provocó una separación jerárquica dentro de las familias migrantes. Una de las críticas de los mismos soñadores a la ley DACA es que no implica que sus padres sean legales. Eso significa que la policía migratoria, ahora que sabe quiénes son los soñadores, podrían ir a buscar a los familiares y deportarlos. ¿Cuáles son esos intereses estructurales que están en juego que generan tensión emocional y colocan a los inmigrantes DACA a que se vean forzados a decidir entre su legalidad y la discriminación de su propia comunidad?

La ocupación y construcción de significados entumecedores

Desde el punto de vista del orden legal, la ilegalidad en los Estados Unidos tiene que ser combatida y castigada. Por lo tanto, por haber cruzado la frontera para satisfacer las necesidades básicas suyas y de su familia, el inmigrante es condenado con mano dura por aquellos que defienden a toda costa las leyes. Un inmigrante puede haber vivido 30 años en los Estados Unidos, ser dueño de un negocio, tener hijos nacidos y reconocidos legalmente por el país, pero si es intervenido por agentes de inmigración, puede ser enjuiciado para ser deportado o deportada. Las luchas para mantener a las familias unidas carecen de justificación legal cuando se trata de un indocumentado, entonces ¿dónde está el aspecto humano de la ley y el sistema? ¿Es la interpretación a la ley y la benevolencia del juez lo que el sistema tiene que ofrecerle al inmigrante indocumentado? ¿Es, entonces, la objetividad en la ley escrita una receta para la inhumanidad contra este inmigrante? ¿Quiénes son los que se ocultan detrás de estas leyes deshumanizadoras?

En el aspecto laboral, el indocumentado gana menos que el sueldo mínimo por su situación legal, pero aun así contribuye a la economía y, por lo tanto, tiene un espacio dentro del sistema económico; pero si los migrantes tienen que probar su valor económico en todo momento, ¿qué sucede cuando no se les considera valiosos económicamente? ¿Cómo manejan la obligación de verse valiosos con las limitaciones laborales que el sistema les presenta? ¿Qué tanto los agota esta situación? ¿Cómo afecta este agotamiento? ¿Es el agotamiento una marca social importante en el inmigrante?

La mano explotada migrante sin documentos no es en este momento necesariamente el proletariado, desde la perspectiva marxista; requieren que vayan a movilizarlos masivamente para cambiar el sistema, ya que viven temerosos que los descubran y los deporten; pero quizás en algún momento puedan llegar a ser una base popular organizada con una voz unificada y poderosa en lo político y lo social. Entonces, ¿es por eso que la ley y las fuerzas del orden los mantienen en esa situación de ilegalidad? ¿Se ve la legalidad de los ahora inmigrantes indocumentados como una receta para que participen del cambio social y que se enfrenten directamente a las injusticias sociales que están sufriendo? ¿Cómo funciona el miedo en los que protegen el sistema hegemónico? ¿Cuál es la viabilidad de un proyecto de reivindicación laboral de parte de este proletariado ilegal?

La reacción y organización en relación con las políticas públicas migratorias que afectan

Algunas ciudades en California anteriormente ya habían creado espacios de protección para los inmigrantes. Durante el conflicto armado de los 80 en Centroamérica, miles de salvadoreños migraron a los Estados

Unidos escapando de la violencia de la guerra. Si bien hubo un rechazo a estos inmigrantes centroamericanos por gente que representaba los intereses del gobierno federal, las iglesias y grupos de derechos humanos se organizaron para crear una red de apoyo y hospitalidad al inmigrante. La solidaridad de muchas comunidades permitió que algunas ciudades se hicieran llamar ciudades santuario, para hacer explícito que estaban dispuestos a acompañar a los inmigrantes, que iban a movilizar sus recursos para recibirlos y protegerlos, y que la policía local no iba a colaborar con el gobierno federal para deportarlos.

San Francisco es uno de esos lugares que ha sido una ciudad santuario, y esa denominación ha sido importante para acompañar a los DACA en la lucha actual. Para defender la protección de los inmigrantes, miles de personas de San Francisco han salido a las calles a decir que no estaban de acuerdo con la retórica antiinmigrante, y que no iban a dejar de seguir protegiendo a los inmigrantes.

Estos grupos de aliados están apoyando y adaptándose a las necesidades que el contexto demanda. Monitorear las redadas, grupos de respuesta, o el acompañamiento al que se le deporta puede que sea un acompañamiento necesario, pero ¿en qué medida esta participación es significativa para desentumecer? ¿Cómo las constantes crisis creadas nos ponen a pensar en soluciones inmediatas para evitar ver los horizontes? ¿Se puede pensar a largo plazo cuando el contexto amenaza con deportar mañana?

3. Legitimación de la supremacía de la "raza blanca"

Construcciones predominantes
Una lucha política que se está viviendo actualmente en los Estados Unidos entre el presidente y un sector orientado a la protección de

derechos humanos y civiles, con predominante apoyo de los republicanos, es la construcción del muro en la frontera con México. Muchos expertos dicen que es absurdo porque es imposible hacer un muro que cubra toda la frontera, dada la geografía de la región, pero la determinación del pedido, en relación con el simbolismo social y político dentro de esta retórica, deja sentado que los que migran del sur no tienen el valor significativo para que sean bienvenidos por la población norteamericana. Este mensaje está siendo repetido por miles de personas que apoyan a Trump, y que escuchan estas narrativas todos los días por los medios de comunicación. El muro se ha convertido en una prioridad política por lo que significa a una población que cree que los están invadiendo, que los valores nacionales se están perdiendo, y que los que entran son criminales peligrosos. ¿Cuál es el significado de lo absurdo en la problemática migratoria? ¿Cómo las sociedades crean sistemas desde lo absurdo, y cómo sirve eso para desestabilizar a los sujetos? ¿Qué dice lo absurdo del contexto?

Al principio de la guerra contra Irak, después del ataque a las torres gemelas del 11 de septiembre de 2001, Estados Unidos reclutó gente indocumentada para representar a sus fuerzas militares en los conflictos armados. Esos soldados no tenían derechos como ciudadanos estadounidenses, pero les ofrecieron el "beneficio" de que si morían en combate tendrían el derecho de acceder a ciudadanía póstuma. La ley[2] dice que "la ciudadanía póstuma es un estatus honorario que reconoce el sacrificio de estas personas, pero no otorga ningún tipo de beneficio automático a los familiares". ¿Cuál es el sentido práctico de otorgar ciudadanía a un muerto? ¿Cuáles son los significados simbólicos que esta ley representa de la cultura estadounidense? ¿Son el valor de la vida, los usos de las personas y lo que hay después de la

---

[2] Ley pública 101-249 (Posthumous Citizenship for Active Duty Service Act of 1989), EEUU.

muerte algunos de esos elementos clave para entender las jerarquías que se han creado alrededor de la cultura inmigrante? ¿Cuáles son los elementos históricos que contribuyen a la formación de lo absurdo en relación con el migrante?

El sistema limita las posibilidades a los inmigrantes indocumentados. El trabajo del inmigrante indocumentado se ha limitado a la jardinería, construcción, limpieza, cocina, cuidado de niños, ya que son los espacios en donde normalmente no les piden documentos para mostrar su legalidad. El estatus migratorio no sólo limita la actividad laboral, sino también la capacidad adquisitiva. ¿Cómo ven los hijos e hijas esta construcción social cuando ellos pueden ganar más que sus padres?

Los DACA necesitan aportar a la economía de sus familias porque sus padres, por lo precario de sus trabajos, no tienen pensión ni seguridad social. No tener pensión no es normal en los Estados Unidos, entonces ¿cómo afecta esta situación a los sueños vocacionales y perspectivas de los DACA? ¿Cómo construyen sus vidas cuando tienen que responder a una necesidad familiar que no está tomada en cuenta por su contexto?

Los Estados Unidos se perciben como la tierra prometida para muchos que salen de sus países escapando de la pobreza y la violencia con la esperanza de salir adelante. Recientemente hubo caravanas desde Centroamérica hacia este país, pero la narrativa que se construía desde el gobierno federal sobre esos inmigrantes se habla de que eran criminales. Esa narrativa se enfrenta con las imágenes de familias humildes buscando un futuro mejor, pero los que apoyan a Trump acusan que esas imágenes y testimonios son orquestados por la izquierda para manipular las emociones de la población y dejar entrar a gente que va a forzar a cambiar las costumbres del país. ¿Es el migrante indocumentado la actual víctima de una discriminación que no se puede eliminar en la sociedad? ¿Es la lucha por eliminar esta discriminación de lo social una ilusión? Son preguntas que se quiere responder con un rotundo no, pero que se ponen sobre la mesa para demostrar que el poder de lo dominante discriminador tiende a llevarnos a perder las esperanzas, nos obliga a adaptarnos y replicar las estructuras sociales ya establecidas.

4. La coyuntura antiinmigrante actual

La potencialización de una narrativa racista popular antiinmigrante

Isabel Bueso es una mujer guatemalteca que tiene una enfermedad rara llamada MPS VI (por sus siglas en inglés) que la pone en riesgo de paro cardiaco, hidrocefalia, ceguera, sordera, anormalidad en el crecimiento de huesos, enfermedad crónica pulmonar, y hasta muerte temprana. A sus siete años de edad, su familia se mudó a los Estados Unidos porque era el único lugar donde la podían tratar. Por más de 15 años, Isabel ha podido sobrevivir por el tratamiento constante al que tiene acceso, y se le ha permitido la estadía por una excepción de deportación dada a inmigrantes que llevan tratamiento médico. En agosto de 2019, el gobierno federal le mandó una nota diciendo que habían eliminando el permiso que permitía a personas bajo tratamiento indispensable para salvarles la vida permanecer en el país, y se le ordenó que se regresara a Guatemala o que la iban a deportar. Eso para ella fue una sentencia de muerte, así que mucha gente salió a las calles e hizo cabildeo. Finalmente, se le permitió permanecer en el país. Con este caso de deja ver la poca concesión que se le da a lo humano desde el gobierno federal, lo cual es notable en las decisiones políticas que afectan a inmigrantes de ciertas naciones.

Recientemente han habido varios ejemplos claros de la inhumanidad que se filtra en la toma de decisiones de quienes trabajan para el gobierno federal. ¿Por qué con la elección de Trump la gente ya no consideraba que tenían que tener cuidado con discriminar, o comunicar sus prejuicios raciales? ¿Por qué se pierde tan fácilmente el sentido de lo humano a través de la raza? ¿Es la territorialización de la discriminación racial parte de la identidad nacional? ¿Cuáles son las opciones del discriminado?

Los simbolismos y las subjetividades
en las luchas de reinvindicación social

En el país de las oportunidades se aprende que hay jerarquías de oportunidades, y que hay algunas oportunidades que no son para todos. El salario de un DACA a los 18 años, por ejemplo, puede sobrepasar al salario de su padre o madre. Esto es parte, como ya dijimos, de reforzar la imagen, y la tensión, entre el migrante bueno y el malo. Por eso los estudiantes DACA presionan por traer a la mesa de discusión la posibilidad de que sus padres, quienes los trajeron a los Estados Unidos y se sacrificaron tanto para darles las oportunidades que tienen hoy, también puedan legalizarse. Pero está propuesta está siendo muy criticada. ¿Se les quiere obligar a los DACA a ser egoístas para reforzar la imagen del inmigrante bueno y malo? ¿Cómo queda el proyecto de vida del inmigrante cuando se condena a gente que trabaja duro, pero que se les prohíbe alcanzar sus sueños profesionales?

Los líderes hispanos migrantes
alienándose al sistema dominante

¿Qué sucede cuando se reconoce que la sociedad en verdad no lo quiere a uno? Líderes comunitarios, estudiantes, familias enteras, se sintieron abrumados y vieron cómo la esperanza que los había traído a los Estados Unidos desaparecía. El sistema los estaba superando; se vieron perseguidos, dependientes de las decisiones políticas y policiales, y sin muchas posibilidades de acción. Algunos se adaptaron, pero otros, a pesar de que se sentían empujados más al margen de la sociedad, se movilizaron para hallar formas de lograr fuerza política y capacidad de acción. ¿Qué sucede cuando uno reconoce la tensión entre esta fuerza abrumadora que paraliza, y el esfuerzo por pensarse diferente, activo y constructor del contexto? ¿Cómo se maneja el sujeto cuando reconoce la tendencia de adaptarse y tomar ventaja del sistema, pero también de resistir?

Cierre

Empezamos este capítulo preguntándonos por la construcción de significados que entumecen. La coyuntura Trump y la agresión de la supremacía blanca con la que se manifestó apuntaban a los simbolismos y subjetividades centrales en que las luchas de reivindicación social para las familias migrantes se encuentran. Aquello que contribuye a la narrativa dominante, al igual que a la alternativa, va más allá del mundo físico, lo que sugiere la importancia de lo cultural y mitológico para lo político.

El acoso simbólico actual, producido por la coyuntura Trump, ha producido una narrativa racista que ha afectado fuertemente a la comunidad migrante. También ha hecho emerger las vulnerabilidades enmascaradas con políticas en favor de la comunidad indocumentada en que las distintas políticas públicas se han basado, para mostrar la importancia del pensamiento crítico como elemento de mirada clave a un sistema político y social con intenciones de dominación del otro.

El racismo y la xenofobia con que se generan las políticas publicas es, al igual que la cultura de sospecha, simbolismos significativos en la coyuntura actual. La legalidad está al centro de la formación jerárquica del inmigrante, y esta tensión lo relega y contradice, la posibilidad de participar de una sociedad libre y democrática que crea oportunidades para todos. La regularización de la legalidad, cuando se necesita del indocumentado para la mano de obra barata, hace cuestionar las intenciones reales de las leyes y los castigos.

El cumplimiento de las leyes se ha convertido en herramienta de crueldad y muestra la cantidad de vulnerabilidades en las que los inmigrantes indocumentados se encuentran. Si bien hay ciudadanos estadounidenses que apoyan a los indocumentados y desean cambiar la situación del inmigrante, el camino, social, educativa y políticamente hablando, que se presenta es para obedecer lo que ya existe, sin buscar nuevas reivindicaciones. En un país de migrantes, donde históricamente ha primado la dominación del otro, la reivindicación social no es parte del tipo de preocupaciones que lo hegemónico quiera impulsar desde lo cotidiano.

La crueldad en la frontera y la deshumanización de los procesos migratorios ha dejado al migrante buscando signos de benevolencia en lugares fuera de los protocolos federales formales. El temor de que los ahora ilegales sean voz política, y signifiquen potencialmente poder cambiar la sociedad, generan muchas reacciones. Existe solidaridad por la reivindicación migrante dentro de los ciudadanos legales de Estados Unidos, pero no hay garantía de que esa relación apunte a darle voz protagónica a los propios indocumentados, ni tampoco a salir del entumecimiento. En ese sentido, se corre el riesgo de participar de una superficialidad mesiánica la cual jala hacia la espiral jerárquica donde se separa al que ayuda del que necesita ayuda. ¿Cómo no perdemos el horizonte del sujeto reivindicado también dentro de los movimientos aliados? Este es un reto en todos los contextos, pero sobre todo en los que históricamente se han conformado para dominar y por su capacidad de dominación.

El rol de *lo absurdo* como elemento importante en la dominación ha sido importante. La obsesión por la construcción del muro con la frontera de México ha sido el simbolismo más usado para construir un mensaje desestabilizador al inmigrante indocumentado y movilizar grupos racistas y xenofóbicos de apoyo. En estos espacios en donde el mejor argumento y la humanidad no tienen cabida, es también un reto crear opciones alternativas cuando todo apunta a adaptarse en una jerarquía donde uno mismo está al fondo.

Se le condena al migrante a una precariedad económica, condicionando, seguramente, a que los descendientes van a cargar con el cuidado de los padres, creando así un obstáculo de movilidad social. Por esa razón, puede que los hijos e hijas tengan mayores motivaciones a que esto cambie. Es posible que lo que motive a la acción es la inhumanidad de las perspectivas políticas, ya que en el caso del inmigrante indocumentado no apunta a que las personas tengan acceso a una vida digna y con capacidad de transformación protagónica del contexto, sino a encontrar un punto de quiebre para que el DACA se adapte y alimente al sistema social existente.

El entumecimiento está constituido por lo que el contexto le presenta al sujeto, pero el desentumecimiento también se constituye desde el sujeto que se piensa diferente, activo y constructor de su propia realidad. ¿En esta tensión entre lo que el contexto nos presenta y en las cotidianas muestras de reivindicación, cuáles son las oportunidades que se nos abren?

La construcción del sujeto social, abordada en este capítulo, ha permitido enfocar el trabajo en la afectación estructurante, pero en relación a la resonancia comunitaria con el referente empírico. Las marcas que se han estructurado en este apartado nos han ayudado a rescatar, principalmente: *1)* el entumecimiento del inmigrante indocumentado, *2)* las construcciones racistas predominantes que afectan al referente empírico, *3)* la lectura y significancia de los simbolismos, *4)* la coyuntura antiinmigrante, y *5)* los principios desentumecedores.

Identificar estas marcas organizadoras referenciales nos permite articular preguntas que se desenvuelven del cuestionamiento principal.

La coyuntura actual nos ha hecho emerger situaciones latentes para hacerlas evidentes, revelando así elementos limitadores que tensionan y controlan las subjetividades, conciencias y destinos de líderes trabajando con inmigrantes indocumentados, y así concientizar las experiencias y realidades que nos están preocupando. A partir de esta concientización, y de la tensión que esa concientización devela, se tejen la formación del entumecimiento en el referente empírico, como signo de alienación, contrastándola con la organización como proceso de construcción familiar y comunitaria. Con esta plataforma construida, la pregunta para trabajarla en el siguiente capítulo sería: ¿qué opciones simbólicas de reivindicación subjetiva y social se construyen a partir de la experiencia recorrida por los inmigrantes para responder a la coyuntura actual?

IV. EL ENTUMECIMIENTO DE LOS MIGRANTES COMO AFECTACIÓN ARTICULADORA EN SITUACIONES DE ALTA TENSIÓN RELACIONADAS CON LAS POLÍTICAS PÚBLICAS ANTIINMIGRANTES DE TRUMP

Introducción

En el presente capítulo, tomamos como punto de partida al entumecimiento subjetivo desde el pensar epistémico para poder dar cuenta del movimiento, entre lo dado y lo dándose, en el recorte de la realidad elegido. Sin perder de vista la afectación, como punto unificador de esta reflexión, la meta es potencializar la realidad de los migrantes para ir tejiendo una lectura hermenéutica que permita reconocer el entumecimiento y tener elementos alternativos para salir adelante.

Los cuestionamientos que se han ido abriendo a lo largo del texto tienen que ver con las categorías ordenadoras (el entumecimiento subjetivo, el racismo, los simbolismos y la coyuntura antiinmigrante) que responden al interés teórico de elaborar un problema lo suficientemente inclusivo que permita reconstruir un aparato conceptual que pueda ser usado en la articulación de la coyuntura antiinmigrante actual y sus dinámicas sociales.

Antes de entrar al análisis del problema desde las categorías ordenadoras en relación a los cuestionamientos que se han aperturado en el proceso de escritura de este libro, iniciamos con un ejercicio de articulación de estas categorías ordenadoras para hacer un ensayo de lo posible. Esto es clave ya que la comprensión de las categorías construidas es lo que va a servir de vínculo con el trabajo de campo para poder responder a nuestras preocupaciones desde la *reconstrucción articulada*. El contacto directo y el acompañamiento comunitario desde las claves epistémicas rescatadas en categorías tienen la intención de permitirnos ver las complejidades de la realidad. Para ello, el punto de articulación de múltiples determinaciones de la realidad es la experiencia de los líderes y miembros de la comunidad en su trabajo por responder a la coyuntura antiinmigrante generada con el presidente Donald Trump.

Las categorías ordenadoras y el trabajo de campo buscan profundizar lo contenido en el *entumecimiento* con miras a formular la viabilidad de un proyecto histórico y organizativo que sea viable. En este sentido, también es importante rescatar las claves que salen de las conversaciones para ver los puntos potenciales, ya que esta afectación social puede guiar la investigación y movernos hacia la acción.

Para la propuesta de análisis del trabajo, también vamos a tener en cuenta los niveles identificados en el proceso de entumecimiento, lo cual ya ha sido compartido en el segundo capítulo. Para recordar, en el primer nivel se ve el entumecimiento subjetivo en relación al sistema hegemónico y a las herramientas que permiten mantener esa hegemonía que niega al sujeto. El segundo nivel se presenta en la reflexión concientizadora que permita revelar los elementos que entumecen al sujeto. En tercer lugar, el nivel de la *resistencia potencial*, es donde el sujeto reconoce la capacidad de crear oportunidades alternas y buscar su propia autonomía. En este nivel, el sujeto también se encuentra en la tensión de tener que decidir entre ser parte del sistema entumecedor o de participar en la confrontación a lo homogéneo. Estos niveles van a ser clave para el análisis y la articulación de este capítulo.

En suma, se pretende desarrollar una reflexión a partir de la lectura de la realidad que permita construir una nueva narrativa, y que cobre vida en una práctica cotidiana política del migrante. Es una construcción de sentido que se visualiza desde el entumecimiento para darnos pistas de por dónde están las opciones alternativas de participación.

1. Las categorías ordenadoras

Los simbolismos y los significados entumecedores se inflaman al enfrentarse con el racismo generalizado que se presenta en la coyuntura actual antiinmigrante. Estas son las categorías que fundamentan el análisis del campo de observación, antes de entrar propiamente al análisis.

El *entumecimiento subjetivo*, como el elemento central que se observa en la coyuntura creada por las políticas antiinmigrantes, obliga a prestar atención a la influencia de los aspectos políticos y sociales que producen un ambiente de alta tensión y que afectan a los sujetos significativamente. En ese contexto, la persecución inquisidora y el miedo se convierten en realidades que son esenciales en la organización de las vidas del inmigrante, pero que podrían pasar desapercibidas si la percepción del problema es simplificada a la cuestión de la legalidad o ilegalidad.

El esfuerzo de los grupos dominantes para controlar los distintos niveles de la sociedad contribuye significativamente al entumecimiento del sujeto. Este control va asociado a un sistema violento, que como luego lo vamos a tratar, también oculta el devenir de los logros sociales significativos que las comunidades minoritarias han conseguido. Esta promoción de la amnesia de las luchas por las reivindicaciones propias hace que al sujeto le cueste imaginar otros modos de participar en el contexto. ¿Qué hace el sujeto de alma libre en un mundo definido? Y ¿qué hace el mundo determinado con el sujeto de alma libre? Son preguntas que pueden desarrollarse al confrontarlas con la tensión que se está viviendo con la comunidad migrante.

Las relaciones que la comunidad inmigrante establecen durante la tensión migratoria no sólo puede restringirse a lo que se genera en lo estrictamente social, político o económico, pues hay que tomar en cuenta el papel central, y no tangencial, de los *simbolismos* culturales que también influyen en todos los aspectos de la realidad. Al referirnos a los simbolismos, es necesario señalar que la observación de la colocación de significados simbólicos *entumecedores* ha sido un elemento importante para la construcción del *campo de observación*.

El aspecto económico, en el análisis de la situación actual del inmigrante, se lee a través de cómo el egoísmo, el poder y la ventaja afectan a los migrantes. Estos son aspectos centrales que se desprenden del capitalismo y se pueden observar a través de los simbolismos que se van recuperado en el análisis de la problemática migratoria. Por ejemplo, la deshumanización y el valor económico del inmigrante son elementos originados por el capitalismo que saltan a la luz, pero desde la colocación del entumecimiento subjetivo no se puede continuar sin pensar en el agotamiento del migrante y en sí mismo como un proletariado indocumentado. Aspectos que resultan importantes para el análisis y las perspectivas de acción.

La solidaridad, como respuesta a las políticas públicas migratorias, se pone como plataforma de observación de lo simbólico y de su accionar con respecto al entumecimiento. Podría pensarse en analizar el rol solidario de las organizaciones pensadas en corto, mediano y largo plazo, pero planteado a partir del tiempo no va a ser posible observar los simbolismos; por el contrario, se van a intentar evitar las restricciones que se puedan generar desde esa perspectiva lineal para poder ver aquello que se minimiza, pero que puede resultar relevante para la comunidad migrante.

La influencia del racismo y la legitimación de la supremacía de la raza blanca, como elemento que complementa y favorece al desenvolvimiento del entumecimiento, afianzan las construcciones predominantes que afectan a la población migrante. Desde el racismo, la identificación de lo absurdo y sus simbolismos pueden abrirnos a leer las profundas raíces de discriminación y dependencia a las que se enfrentan los migrantes. Por lo tanto, si bien el entumecimiento subjetivo y los simbolismos –considerando que el racismo incide en ambos fenómenos sociales– crean la coyuntura actual que ha lanzado esta narrativa popular antiinmigrante, no podemos perder de vista que las tensiones sociales que trae obliga a los migrantes a encontrar espacios para adaptarse y resistir (desentumecerse).

2. Reconstrucción y análisis

Los sujetos entumecidos

La coyuntura vivida por la narrativa antiinmigrante promovida por Trump, y validada con el voto electoral, apunta a despojar al sujeto inmigrante indocumentado de las posibilidades de creación de su propio proyecto de vida, y este contexto abrumador desbarata las esperanzas de los inmigrantes generando un estado de entumecimiento subjetivo.

El sujeto entumecido es aquel que se desestabilizó y dejó de visibilizar horizontes posibles. Su paralización tuvo una reacción corporal que le hacía sentir que estaban siendo doblegado y arrancado de futuros esperanzadores. El contexto hostil apunta a preparar al sujeto a que acepte los elementos ideológicos que controlan su destino, y eso funciona. Los sujetos pierden las esperanzas del propio esfuerzo liberador, donde las más afectadas son las conciencias autónomas reprimidas por el desprecio hegemónico.

El espíritu aplastado del sujeto lo aleja del trabajo organizativo y lo desconecta de la comunidad. Pierde de vista los simbolismos esenciales que le recuerda lo que lo constituye (de dónde viene, por qué participa, su lugar dentro de la comunidad, etc.) y se refugia en lo hegemónico para satisfacer lo que otros esperan de sí. El reconocimiento social pasa de la construcción de la preocupación propia a lo ordenado por el contexto. ¿Cómo traspasamos los límites creados por el contexto y transformamos nuestros espacios? Es una pregunta difícil de contestar en ese estado de entumecimiento.

La desigualdad y el sentimiento de diferente-superior / inferior al *otro* aleja al sujeto para participar del fingimiento jerárquico que acompaña al deseado prestigio social. Se construyen simbolismos subjetivos para ganar reputación y alejarnos de alguna manera de la comunidad, lo cual refuerza al sistema encubridor que afecta a las subjetividades autónomas. Esta situación bloquea en el sujeto la capacidad de imaginar un sistema alternativo de construcción de posibilidades, porque depende de la autoridad formal para permitir a uno alcanzar sus sueños. Esto se da, pero la urgencia de responder a sus propias preocupaciones sigue presente. El problema se funda en que no se visibiliza el camino de construcción de los horizontes de posibilidades que permitan responder a lo propio.

El sujeto, al transitar por el entumecimiento, intenta subsistir reconociendo, de manera incómoda, que en la subordinación está la promesa de existencia, pero no acepta el lugar en el cual el contexto lo está colocando. Sabe que no tiene otra alternativa para defenderse, sino escuchando su alma descontenta como única posibilidad de sentido existencial. Para eso, quiere mantener vivo ese sujeto que está siendo aplastado por el temor de convertirse en objeto del sistema, y no pasar determinado por esta vida sin la posibilidad de transformar lo que le concierne.

El interés ansioso por encontrar lo alterno y propio se trunca al no poder ver aquello que es posible de ser transformado. ¿Cómo hacer entonces para lidiar con la negación constante, pero asumirse a sí mismo? La desconfiguración, en forma de desprecio, hace añicos al sujeto y bloquea aquellas subjetividades liberadoras (memoria, identidad, historia), pero esa inquietud constructora de nuevos caminos es lo que ayuda a uno mismo a buscar el camino andado y el que queremos andar en nuestros contextos.

El sujeto lucha para no reducirse al cumplimiento de lo que se le asigna, porque no quiere permitir el desarraigo de lo propio, pero la falta de oportunidades para actuar lo abruma y lo afecta de manera íntima. El sistema hegemónico es tan agresivo, que el sujeto entumecido quiere cuestionar, enfrentar y reimaginar el contexto con la esperanza de poder desenmascarar sus mitos para corregir las desviaciones hegemónicas, por eso, a pesar de no tener un horizonte de construcción de posibilidades claro, se sabe que uno no quiere caer en ser mero observador de destinos.

La pertenencia reclamada

En la actual coyuntura, uno de los principales problemas del discurso antimigratorio es el posicionamiento en el discurso de la legalidad del inmigrante, pero las dinámicas sociales abren otras relaciones que van más allá de esa estratificación simplificada que identifica al inmigrante sólo por ser documentado o indocumentado. En ese sentido, las comunidades latinas están creando espacios para reunirse, pensar y reflexionar sobre la complejidad de la vida migrante, y abrirse espacios de accionar prácticos y construcción conceptual.

La legalidad observa la pertenencia a la nación desde el permiso otorgado por el gobierno para reconocerlos como ciudadano y poder permanecer en el país, pero esta idea de pertenencia crea un ambiente hostil para quienes quieren pertenecer al territorio que ocupan y no cumplen con los requisitos legales. Los grupos conservadores tienden a pensar que la perspectiva legal es la única opción, pero en la práctica las comunidades migrantes indocumentadas están abriendo nuevas opciones. Se está reflexionando sobre el significado de la pertenencia fuera de lo legal, y lo principal es darse cuenta de que aunque un país no reclame al indocumentado, los sujetos se reclaman el uno al otro. ¿Qué opciones sociales y políticas abren la resignificación del sentido de pertenencia?

Pertenecer a una comunidad es poder contar con alguien, y que alguien cuente con uno para poder lidiar con las adversidades cotidianas con las que la comunidad se enfrenta. Por lo tanto, esto es una necesidad para crear una comunidad más estable y poder pasar los momentos difíciles que generan las incertidumbres de la situación económica, social y política de los sujetos. Si la creación de este espacio social y la resemantización del sentido de pertenencia son elementos importantes para la comunidad, y posibles lugares viables para enfrentar el entumecimiento, ¿cómo protegemos este espacio contra el racismo y la xenofobia?, ¿cómo hacemos para que este espacio cuide la esfera de la intimidad y nutra la rebeldía crítica de los sujetos?

En el trabajo de campo también ha saltado la importancia de la fe, como esperanza, para construir el sentido de pertenencia. La fe permite que no se pierda la esperanza en el proyecto de vida que los sujetos desean construir. El sentido de pertenencia comunitario, cuando todos te dicen que no perteneces, es realmente reflexionar desde la fe de lo posible. Fe en que las cosas van a mejorar, y en que los sujetos tienen la fuerza para cambiar las cosas. El poder de imaginar algo nuevo es una fe que toma diferentes formas de sentir y vivir, porque une a los sujetos en el dolor y la esperanza. Entonces, si la pérdida de esperanza en la lucha por las reivindicaciones sociales contribuye a la sintomatización del entumecimiento, el arrebatamiento de la esperanza puede verse también como un objetivo de las estrategias políticas. La persecución, ya sea por la obsesión a la ley, el racismo o la xenofobia, crea una alta tensión en los migrantes que afecta principalmente a los horizontes posibles del sujeto.

Los simbolismos

El programa DACA, si bien generó un camino hacia la ciudadanía para un grupo de personas, también dividió a la comunidad migrante. Había estudiantes que se beneficiaban, pero al hacerlo ponían a sus padres en una situación vulnerable. El sistema legal, a su manera de abrir oportunidades, nos ha mostrado que trabaja creando jerarquías, desarraigando, limitando, etcétera. Al presentar opciones, por un lado, por el otro somete, entonces ¿qué es lo que se quiere extinguir de la identidad migrante?, ¿se quiere quitar la cultura solidaria y de familia para dejar atrás al otro? ¿Es entonces la solidaridad un acto revolucionario?

Las reformas legales migratorias están alejándose cada vez más del aspecto humano y, por lo tanto, están contribuyendo al entumecimiento. Las familias que tienen que pasar por una corte para decidir su estatus migratorio enfrentan un sistema judicial que se está despersonalizando cada vez más. Hoy en día, de 30 a 50 personas pasan por un juez en dos horas. Hasta no hace mucho, los inmigrantes indocumentados dependían de la benevolencia del juez para poder quedarse en los Estados Unidos. Podía ser el testimonio de la hija, el sacerdote, o de la comunidad que tocaba el corazón del magistrado, pero el sistema judicial está orillando a que sus jueces actúen de acuerdo a lo que dice el papel y dejen de tomar decisiones humanas y personales. Se está buscando sistematizar que el juez no se sienta afectado por lo que las familias migrantes están viviendo, para separarlo del dolor presente en el salón judicial. ¿Cómo hacemos para que el sistema judicial se responsabilice de lo humano? Si el sufrimiento humano no es lo que cuenta en la corte, entonces ¿cómo se salva de ser un elemento más del entumecimiento?, ¿cómo hacemos para que las personas no se oculten detrás de estas leyes deshumanizantes y ellos no sean también entumecidos, sino que puedan vivir su propia humanidad? La lucha por mantener espacios humanos dentro de la ley es importante. La ternura, el amor por el prójimo, el cuidado, entre otros, son atributos que tienen que existir dentro del espacio de la ley.

En el actual contexto donde se normaliza denigrar a la persona, es muy difícil abogar por lo humano. Esto cierra oportunidades a la comunidad de poder encontrar maneras para acceder a la legalización. El cierre de acceso en las cortes de migración para hacer cabildeo; el cierre de oportunidades de asilo político; más familias y menos tiempo en las cortes, todo apunta a deshumanizar el trato. Eres un número en donde nunca sabes si te quedas o te vas y, si te quedas, ¿qué tipo de sujeto se va formando en ese proceso?

El proceso migratorio por el que pasa el migrante indocumentado es desgastante y afecta profundamente a la persona. Se vive en ese miedo constantemente y uno nunca tiene la seguridad de que va a estar bien; lo evidente de esta situación nos lleva a darnos cuenta de que el agotamiento es una característica actual del inmigrante. Los líderes comunitarios consideran que el agotamiento es adrede para asegurar que los inmigrantes no sobresalgan a los niveles que su potencial ofrece, entonces ¿cómo respondemos al agotamiento? Si es un signo del migrante de nuestros tiempos, ¿qué regenera las energías de los inmigrantes para poder participar activamente en la construcción social, y no caer en el entumecimiento? ¿Cuál es la viabilidad de un proyecto de reivindicación social cuando el agotamiento del migrante es agobiador? Lo evidente es que el agotamiento es un signo social que da cuenta de la época en que vivimos.

El miedo y agotamiento previene que los sujetos se enfrenten directamente al sistema antiinmigrante. En este estado subjetivo, lo que se espera es pasar desapercibido y así poder intentar tener una vida normal. Si la gente quiere vivir su vida sin ser identificada, entonces hay muy pocas posibilidades de que el trabajador indocumentado se sienta parte de un grupo social, como un proletariado indocumentado, con posibilidades de cambiar las condiciones del trabajador. Entonces, ¿qué esperanzas tenemos de enfrentar el entumecimiento si las masas de la comunidad inmigrante indocumentada no apuntan a organizarse como un grupo social con poder político? La coyuntura actual esta arrinconando al inmigrante indocumentado, y eso está obligando a que los inmigrantes se organicen por falta de alternativas viables. La urgencia del momento está desenvolviendo una situación no anticipada por los ataques políticos y sociales antiinmigrantes.

El encubrimiento de las reivindicaciones sociales logradas por las luchas de la comunidad latina es solapado. La historia reivindicadora que se narra, en las escuelas por ejemplo, es un relato que se presenta como si sucediera en algún otro lado y por la obra de un líder carismático. César Chávez –quien fue un líder de origen mexicano y trabajó por los derechos de los campesinos migrantes– es lo más cercano que la comunidad latina conoce, y su imagen no se usa como dispositivo para hablar de lo que el movimiento logró a partir del trabajo desde las comunidades de base. No se habla de lo que se caminó para conectar a la gente; que de uno a uno fue construyendo un movimiento. Esta invisibilización de los procesos hace que se pierda la visión del trabajo comunitario, y se transmita la idea de que otro es quien transforma el mundo. Se quiere demostrar la inclusión de líderes latinos en la historia oficial, pero ¿a quién se entumece con este tipo de historias? ¿Cómo se lee críticamente la historia aparentemente inclusiva? ¿Cómo revelamos lo que se está encubriendo y lo que nos da fuerza protagónica? Estas son preguntas que los mismos líderes comunitarios se están haciendo para abrir oportunidades con el sistema educativo y revalorar el trabajo comunitario-participativo.

Es complicado navegar en un sistema hegemónico encubridor e invisibilizador de identidades alternativas, pero que a la vez construye apariencias de inclusividad. Las reivindicaciones sociales, políticas, educativas y culturales que se logran, nos llevan a ser optimistas, pero a la vez tiene un lado subordinador que entrampa al sujeto y lo canaliza hacia el entumecimiento. Una tarea importante es revelar los temores encubiertos del poder hegemónico y homogeneizador actual que se ocultan detrás de la coyuntura migratoria, pero que vayan más allá del discurso de la protección de las fronteras y las leyes.

El racismo

La comunidad latina –al igual que otras comunidades inmigrantes provenientes del hemisferio sur– ha crecido mucho en los Estados Unidos, y es posible que en algunos años la mayoría de personas no sean de raza blanca. Desde este punto de vista, se deduce que la migración es uno de los frentes que el movimiento racista quiere frenar para mantener la supremacía blanca. Entonces, ¿cómo pensamos la coyuntura migratoria como una reacción de los grupos de poder aterrados por ser una minoría racial?

La violencia, como herramienta de los grupos de poder, se está normalizado en el sistema migratorio, y ha llegado a niveles que no se habían visto en mucho tiempo. El separar a los niños de las manos de los padres y madres es un ejemplo de ello. Es un elemento para leer la realidad, pero también para entender hacia dónde los grupos de poder están dispuestos a llevar la lucha social. ¿Hasta dónde va a llegar esa violencia? ¿De qué es capaz el poder cuando se quiere someter y doblegar a inmigrantes latinos? Hay que estar preparados para defenderse, pero es más importante proponer opciones de convivencia social, sobre todo hay mucho que ofrecer si partimos de la pertenencia resemantizada desde la experiencia migrante.

El problema está en que el racismo se filtra de muchas maneras en la comunidad migrante. Entre más "blanco" se actúe, más fácil de vivir en los Estados Unidos, entonces ¿es el programa DACA un intento por blanquear a la comunidad latina? ¿Cómo leemos la realidad para percatarnos de las ilusiones que cubren estrategias de control social? ¿Cómo revelamos lo absurdo de estos aparentes logros sociales? La revelación de *lo absurdo* –incluyendo al racismo– va a ser un elemento educativo importante para la propuesta migrante resemantizada.

Lo absurdo, visto como profundamente conectado con el racismo, tiene pocos espacios de argumentación. Por ejemplo, ¿de dónde salió la idea de la ciudadanía póstuma? ¿Quién piensa que darle la ciudadanía a un muerto es importante? El valor del inmigrante muerto o la ciudadanía para entrar al cielo son un par de opciones que se podrían considerar, pero si el fervor nacionalista considera que los Estados Unidos es el cielo en la tierra, y nunca se quiso dar acceso a la ciudadanía en vida, es más viable que la intención de la ciudadanía póstuma esté conectada al valor del migrante muerto.

Otro ejemplo de lo absurdo es el lenguaje empleado para referirse al inmigrante indocumentado, el cual es designado como "carga pública". Los inmigrantes indocumentados contribuyen económicamente al Estado a través de un sistema en donde ellos compran un número del gobierno, y así pueden trabajar y pagar impuestos, pero no se les permite reclamar ningún beneficio. Hay gente que ha pagado impuestos por 40 años y no tienen acceso a beneficios sociales por parte del gobierno; entonces, si la inmigración de estos sujetos es considerada ilegal, ¿cómo damos espacio para llamar la atención de lo inmoral y absurdo? Y ¿cómo a partir de la revelación de *lo absurdo* llamamos la atención de lo que entumece?

La coyuntura actual

La coyuntura antiinmigrante es compleja. La narrativa popular antiinmigrante es tan violenta que trunca sueños y afecta la construcción de proyectos de vida. Se migra buscando oportunidades y creyendo que con trabajo duro se pueden alcanzar los sueños. Pero al encontrarse con la realidad capitalista, y encima la narrativa antiinmigrante, el sueño americano de la casa propia, el sostenimiento económico, y otros, son sueños que se ven muy difíciles de alcanzar. No todos tienen la posibilidad de soñar, y darse cuenta de que los sueños son inalcanzables alimenta el agotamiento que favorece al entumecimiento. ¿Es la alternativa por desalinearse del sistema dominante el principio de la solución al agotamiento? ¿Es la desobediencia cívica la manera de responder al agotamiento y a lo absurdo?

El posicionamiento político y narrativo que despierta el odio por los migrantes latinos ha generado angustia y miedo, sentimientos que son claves para desestabilizar y doblegar. Líderes comunitarios se preocuparon porque el miedo era tanto que hizo que la población migrante pensara en deportarse a sí misma, y generó que algunos migrantes se regresaran a sus países de origen; otros no tuvieron esa opción por cuestiones de seguridad y vulnerabilidad. Entonces, ¿cómo está cambiando la formación de la comunidad organizada? Si las comunidades tienen necesidades más agudas y con urgencias más inmediatas, ¿cómo se están transformando estas nuevas resistencias?

La comunidad reconoce que los que no pudieron huir no deberían encarcelarse a sí mismos antes de que los detengan. Por eso se consideró necesario enfrentar esa situación de arrinconamiento, y mantener la visión de ir más allá de resolver la necesidad inmediata. Es, por lo tanto, una necesidad de tener un espacio de reflexión concientizadora para profundizar sobre los elementos y herramientas del sistema hegemónico desestabilizador. La coyuntura ha obligado a activar la resistencia para quebrar con lo alienante, pero es una tarea difícil, porque se ha demostrado que es políticamente beneficioso ser racista y xenófobo –acompañado con un nacionalismo profundo–.[1] El sistema dominante se revela como contundente y determinado a hacer lo que se necesite para dominar al inmigrante. Si no se puede enfrentar directamente al sistema dominante, ¿cómo hacemos para que la solidaridad permita responder al arrinconamiento que se vive y devele a estos sistemas que subordinan?

La solidaridad y el acompañamiento ha ayudado a que la gente pierda el miedo y continúe con la construcción de sus proyectos de vida, y la reflexión concientizadora está abriendo una puerta para poder conocer a los migrantes más allá de los simbolismos con que los estigmatizan, y de la idea dominante del sistema legal. Lo alternativo está por verse, ya que lo que tenemos ahora es un enfrentamiento de un sistema que no se entiende por la complejidad de los simbolismos geopolíticos dominantes, y por del otro lado la urgencia por la reivindicación social que generen proyectos de vida viables. En este sentido, ¿cuánto nos ayuda a entender el afloramiento del entumecimiento, la revelación de lo que lo genera, y la decisión por la búsqueda de la autonomía lo que significa resistir a lo dominante discriminador? Levantar el espíritu humano encubierto, desde la articulación de lo que entumece, para que los proyectos de vida del inmigrante indocumentado tengan cabida y en ese sentido se busca, desde el entumecimiento des-encapuchado, los procesos de desverbalización por los que pasamos para reivindicar el lenguaje que nombra dignamente al sujeto.

---

[1] El mensaje a la nación (State of the Union) de Donald Trump, el 4 de febrero de 2019, estuvo cargado de un tono nacionalista con matices racistas y xenófobos generando reacciones partidarias, y también de condena por organizaciones y gobiernos.

La desverbalización del migrante

Con la desverbalización se esconden los problemas sociales que hicieron que los pueblos migraran. El capitalismo feroz y agresivo que ha hecho que se destruyan las parcelas familiares, por la agricultura genéticamente modificada, o la minería criminal, que amenaza a campesinos y contamina las aguas, etcétera. La consecuencia de desactualizar la conversación, o desverbalizarla, es que la empatía y el trabajo por la justicia migrante se desvanece y se borra de la historia. La resistencia de la memoria y la creatividad terminan siendo elementos importantes para visibilizar lo que identifica al sujeto inmigrante.

Hay líderes comunitarios que nacieron y crecieron en los Estados Unidos, y decidieron trabajar por la comunidad al darse cuenta de lo que el contexto, con el deseo familiar de adaptarse, determinaba en uno. En ese proceso de adaptación se perdió el idioma, los bailes, las costumbres, y todo aquello que venía del pueblo del que migraron los padres, pero en un momento se despierta el deseo por lo suyo, y el sujeto no permite que el sistema dominante determine su historia. ¿Dónde encontramos a estos sujetos entumecidos listos a responder al sistema determinante? Esa cantera de líderes latentes es lo que forma la organización comunal. Encontrar esos espacios donde se cultiva la deshonra de la propia historia para que los sujetos se "blanqueen", son los espacios en los que debemos estar y enfrentarlos para construir una comunidad digna.

La jerarquía del individualismo

También hay latinos entre los más fervientes opositores a la reforma migratoria. Esta separación que el sistema ha creado entre el legal y el ilegal le ha dado algún tipo de poder moral a individuos para que juzguen y se marque una diferencia jerárquica de la sociedad entre grupos que vistos desde la distancia podrían ser identificado como similares. Se ha desfigurado lo culturalmente centrado a lo comunitario para enfocarnos en lo legal e individual y de esa forma justificar el sistema hegemónico deshistorizado. Los mismos inmigrantes latinos que tienen algún tipo de estabilidad no están aceptando vivir cerca de los indocumentados por la sospecha de que la policía migratoria haga redadas en sus hogares. Parte del trabajo es poder reconocer que las identidades jerarquizadas racialmente y culturalmente por las políticas públicas en Estados Unidos están determinando actualmente roles sociales. Se continúa con el espíritu de la primera ley de naturalización de 1790 que permitía sólo a "la gente blanca de buen carácter" convertirse en ciudadanos.[2] No es arbitrario entonces preguntarse por la evolución del espíritu racista y cómo está evolucionado en los inmigrantes.

Todos somos iguales bajo la ley, pero, prácticamente, la ley no sólo no protege a los inmigrantes latinos indocumentados, sino que los trata en desventaja. La situación legal no sólo hace que tengan menos opciones para salir adelante en la vida, sino que ahora se les quiere reconocer como sospechosos y peligrosos por el color de la piel.

El entumecimiento es un síntoma de colonización de la época. Es una afectación que se manifiesta en las distintas realidades de nuestros contextos y que merece atención para seguir articulando sus efectos. El ataque va a aumentar su intensidad y la violencia se va a seguir normalizando; va a seguir aumentando la ansiedad por la búsqueda del rol que uno tiene dentro de la sociedad; el sometimiento va a seguir haciéndonos sentir que hay que obedecer para mantenerse a flote. Abrumados e insatisfechos, reconocemos la fuerza del sistema. Entonces ¿qué hacemos al reconocerla? ¿Nos escondemos? ¿Nos replegamos? ¿Asumimos algo que no nos representa y participamos en las lógicas del olvido?

---

[2] Ver informe de la migración China en la biblioteca en línea del congreso de los Estados Unidos de América http://www.loc.gov/teachers/classroommaterials/presentationsandactivities/presentations/immigration/chinese.html

Cierre

La conciencia del entumecimiento permite reconocer la amenaza al deseo profundo por pensar, reflexionar y participar activamente en nuestro contexto. Apostar por lo alternativo y tener espacios de construcción donde el sujeto trae su propio contexto, su memoria, intereses, preocupaciones y sueños constituye un espacio de resistencia para que seamos protagonistas de la construcción de un mundo con sentido.

Se tiene al frente al etnocentrismo racista, que crea una tendencia emocional que fuerza a ver que de su propia cultura sale el criterio exclusivo para interpretar los comportamientos de otros grupos, razas y sociedades. Intenta controlar la subjetividad, cultura y conocimiento, e invierte mucho en el mito de que los sujetos deberían de formarse a la imagen y semejanza de lo dominante. Se piensan como lo más avanzado de la historia, y esta pretensión es peligrosa porque moviliza al simbolismo geopolítico, el cual apunta a articular todas las formas de control de relaciones sociales, y bajo la hegemonía de una institución producida dentro del patrón de poder. Lo dominante genera un horizonte de posibilidades, pero usando relaciones y estructuras vinculadas a la dominación y jerarquía. La narrativa dualista migratoria (prelegal / legal, no ciudadano / ciudadano, primitivo / civilizado, etcétera) contribuye a esta idea.

Los sujetos responden a esta coyuntura nutriendo su espíritu indomable para movilizar una resistencia social, política, cultural e intelectual que permita ser sujeto diferente a lo dominante y cuya cuestión central es la liberación humana como interés histórico de la sociedad. Adriana Guzmán, líder migrante, caracteriza el espíritu indomable. A través de su testimonio observamos el poder del entumecimiento, pero también el espíritu luchador para responder a la desesperanza:

Hay cosas que pasan que a una la paralizan. No se ve el horizonte. El miedo invade, la incertidumbre es fuerte y la ansiedad que crea esa incertidumbre abruma. Pero tenemos que hacer algo porque no podemos dejar de empujar. Es como un choque evidente que viene un maremoto hacia nuestros seres y tenemos que hacer algo o nos va a aplastar. Hay gente que se paraliza más por el miedo. El miedo es grande y no se va, pero la paralización se pelea para salir adelante. Lo que tenemos es la fe como el pilar que mantiene la esperanza. A lo largo de nuestras vidas hemos vivido momentos duros, entonces reconocemos que no es una opción seguir paralizados. Por eso la gente retoma el avance. Cuando Trump salió elegido, primero vino el lamento, y tuvimos que reunir a todas las comunidades porque estábamos paralizadas. ¿Pero luego vino la pregunta... ¿y ahora qué? Esa pregunta fue la que nos sirvió para seguir trabajando.

La práctica concreta de Adriana apunta al reconocimiento de que son las comunidades quienes están resignificando el sentido de pertenencia, transmitiendo el mensaje de esperanza, y apostando por un mundo más humano. El agotamiento, como un sentimiento que da cuenta de la época, representa la falta de alternativas sociales existentes para los migrantes, pero que es importante para movilizar a la comunidad. La concientización de lo absurdo en el sistema hegemónico, junto a la reivindicación del trabajo comunitario para conseguir las reivindicaciones sociales, da elementos de entrada para ver que la temporalidad de lo dado y el poder del sujeto son clave para despertar líderes latentes que deseen enfrentar al entumecimiento.

REFERENCIAS

Anzieu, D. (2007). *El yo-piel* (5ª ed.). Madrid: Biblioteca Nueva.

Bauman, Z. (2015). *Tiempos líquidos: Vivir en una época de incertidumbre* (5ª ed.). Barcelona: Tusquets.

Bruner, J. (1990). *Actos de significado: más allá de la revolución cognitiva*. Madrid: Alianza.

Butler, J. (2009). *Lenguaje, poder e identidad*. Madrid: Síntesis.

Butler, J. (2016). *Mecanismos psíquicos del poder: teorías sobre la sujeción* (6ª ed.). Madrid / Valencia: Ediciones Cátedra / Universitat de Valéncia.

Castañeda, C. (2015). *El lado activo del infinito*. Barcelona: Ediciones B.

Castoriadis, C. (1997). *El avance de la insignificancia*. Buenos Aires: Eudeba.

Corea, C. y Lewkowicz, I. (2004). *Pedagogía del aburrido: Escuelas destituidas, familias perplejas*. Barcelona: Paidós Ibérica.

Dawsey, J. (12 de enero de 2018). Trump derides protections for immigrants from "shithole" countries. Recuperado de https://www.washingtonpost.com/politics/trump-attacks-protections-for-immigrants-from-shithole-countries-in-oval-office-meeting/2018/01/11/bfc0725c-f711-11c7-91af-31ac729add94_story.html

De Sousa Santos, B. (2013). *El milenio huérfano: ensayos para una nueva cultura política*. Madrid: Trotta.

De Sousa Santos, B. (Ed.) (2008). *Another Knowledge is Possible: Beyond Northern Epistemologies* (3ª ed.). Nueva York: Verso.

Dussel, E. (1994). *1492. El encubrimiento del otro. Hacia el mito de la modernidad*. La Paz, Bolivia: Universidad Mayor de San Andrés / Plural Editores.

Dussel, E. (1995). *Introducción a una filosofía de la liberación* (5ª ed.). Bogotá: Nueva América.

Feinmann, J. P. (1999). *La sangre derramada: ensayo sobre la violencia política*. Buenos Aires: Ariel.

Freire, P. (1997). *Pedagogía de la autonomía: Saberes necesarios para la práctica educativa* (1ª ed. en español). México: Siglo XXI.

Freire, P. (2005). *Pedagogía del oprimido* (2ª ed.). México: Siglo XXI.

Furth, H. (1992). *El conocimiento como deseo. Un ensayo sobre Freud y Piaget*. Madrid: Alianza.

Gentile, M. B. (2015). El recuerdo del "mal": historiar la memoria. *El Ágora, 15*(2), 363-374. Recuperado de https://doi.org/10.21500/16578031.1619

Honneth, A. (2011). *La sociedad del desprecio*. Madrid: Trotta.

Instituto Pensamiento y Cultura en América Latina (Ipecal). (2020). Nosotros [Entrada página web]. Recuperado de https://ipecal.edu.mx/nosotros

Lander, E. (Ed.). (2000). *La colonialidad del saber: eurocentrismo y ciencias sociales. Perspectivas latinoamericanas*. Buenos Aires: Clacso.

Lechner, N. (2002). *Las sombras del mañana. La dimensión subjetiva de la política*. Santiago de Chile: LOM Publicaciones.

Lekendorf, C. (2008). *Aprender a escuchar: enseñanzas maya-tojolabales*. México: Plaza y Valdés.

Machiavelli, N. (1995). *The prince*. Indianapolis: Hackett Publishing Company, Inc.

Martí, J. (1891). *Nuestra América*. Recuperado de http://bibliotecavirtual.clacso.org.ar/ar/libros/osal/osal27/14Marti.pdf

Maturana, H. (2001). *Emociones y lenguaje en educación y política*. Santiago de Chile: Ediciones Dolmen.

Mélich, J. (2001). *La ausencia del testimonio. Ética y pedagogía en los relatos del holocausto*. Barcelona: Anthropos.

Mélich, J. (2001). *La ausencia del testimonio: Ética y pedagogía en los relatos del holocausto*. México: Anthropos.

Phillips, A. (16 de junio de 2017). They are rapists: President trump's campaign launch speech two years later. *Washington Post*. Recuperado de https://www.washingtonpost.com/news/the-fix/

wp/2017/06/16/theyre-rapists-presidents-trump-campaign-launch-speech-two-years-later-annotated/

Pichón-Rivière, E. (2008). *Teoría del vínculo*. Buenos Aires: Nueva Visión.

Puget, J. y Kaës, R. (Eds.). (2006). *Violencia de Estado y psicoanálisis*. México: Lumen.

Quijano, A. (2014). Colonialidad del poder, eurocentrismo y América Latina. En D. Assis (ed.), *Cuestiones y horizontes: De la dependencia histórico-estructural a la colonialidad/descolonialidad del poder* (pp. 777-832). Buenos Aires: Clacso.

Quintar, E. (2006). *La enseñanza como puente a la vida*. México: Instituto Politécnico Nacional / Ipecal.

Quintar, E. (2008). *Didáctica no parametral: Sendero hacia la descolonización*. México: Ipecal.

Ricoeur, P. (1982). *Hermeneutics and the Human Sciences*. Cambridge: University Press.

Ricoeur, P. (1990a). *Time and narrative*, vol. I. Chicago: The University of Chicago Press.

Ricoeur, P. (1990b). *Time and narrative*, vol. III. Chicago: The University of Chicago Press.

Ricoeur, P. (1992). *Oneself as another*. Chicago: The University of Chicago Press.

Ricoeur, P. (2004). *Memory, history, forgetting*. Chicago: University of Chicago Press.

Romano, V. (2008). *La formación de la mentalidad sumisa*. Vilassar de Dalt, España: El Viejo Topo.

Romano, V. (2007). *La intoxicación lingüística: El uso perverso de la lengua*. Vilassar de Dalt, España: El Viejo Topo.

Schaff, A. (1985). *¿Qué futuro nos aguarda?* Barcelona: Editorial Crítica.

Shear, M. D. y Hirchfeld Davis, J. (23 de diciembre de 2017). Stoking Fears, Trump Defied Bureaucracy To Advance Immigration Agenda. *New York Times*.

Teller, J. (2011). *Nada* (1ª ed.). México: Seix Barral.

Zemelman, H. (s. f.) Pensar teórico y pensar epistémico. Los retos de las ciencias sociales latinoamericanas. Recuperado de https://repository.unad.edu.co/bitstream/handle/10596/5564/Documento7.pdf?sequence=1

Zemelman, H. (1987). *Uso crítico de la teoría: En torno a las funciones analíticas de la totalidad*. México: El Colegio de México. https://doi.org/10.2307/j.ctv26d982

Zemelman, H. (2006). *El conocimiento como desafío posible*. México: Instituto Pensamiento y Cultura en América Latina / Instituto Politécnico Nacional.

Zemelman, H. (2007). *El ángel de la historia*. Barcelona: Anthropos.

Zemelman, H. (2009). *Reflexiones en torno a la relación entre epistemología y método*. México: Ipecal / Cerezo Editores.

Zemelman, H. (2010). *Desafíos de la lectura de América Latina*. México: Ipecal / Cerezo Editores.

Zemelman, H. (2011a). *Configuraciones críticas: Pensar epistémico sobre la realidad*. México: Siglo XXI.

Zemelman, H. (2011b). Implicaciones epistémicas del pensar histórico desde la perspectiva del sujeto. *Desacatos. Revista de Ciencias Sociales, 37*, 33-48. https://doi.org/10.29340/37.286

Zemelman, H. (2012a). *Horizontes de la razón I: dialéctica y apropiación del presente*. México: Anthropos.

Zemelman, H. (2012b). *Pensar y poder: Razonar y gramática del pensar histórico*. México: Siglo XXI.

Zizek, S. (2009). *Sobre la violencia: Seis reflexiones marginales*. México: Paidós.